Magische Rosse

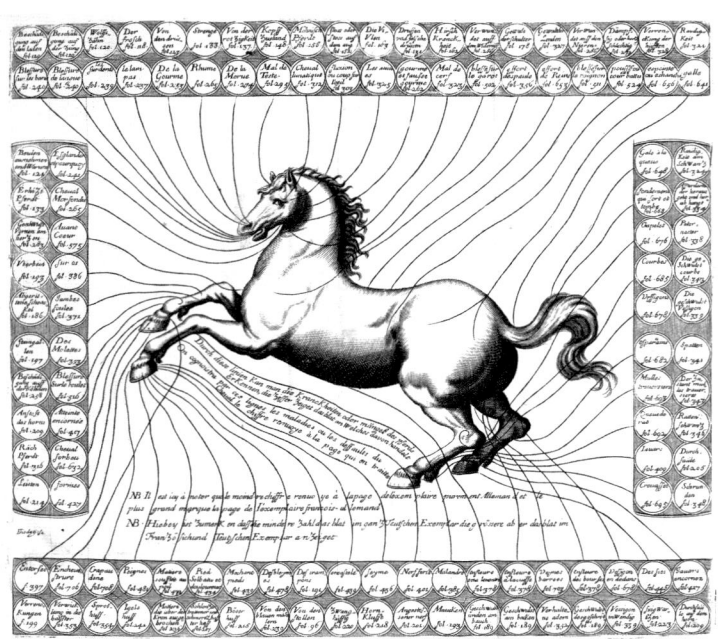

Magische Rosse

Fotografien von Ingrid von Kruse

nicolai

Inhalt

INGRID VON KRUSE
Magische Rosse – Schwarz und Weiß   6

ERIKA SIMON
Mythos Pferd   132

RAIMUND WÜNSCHE
Die Reiterstatue des Marc Aurel   140

Bildlegenden   142

Dank   143

Bild- und Quellennachweis   144

INGRID VON KRUSE

Magische Rosse
– Schwarz und Weiß

Wenn man mich fragt: »Wie kamst du aufs Pferd?«, dann erzähle ich folgende Geschichte:

Vor fünfzehn Jahren – zum ersten Mal in Wien – hörte ich in der Hofburg Hufegetrappel und witterte Pferdeluft. Blitzartig wie aus einem Traum standen sie wieder vor mir, Lipizzaner riesengroß aufgebäumt, bläulich-weiß im Neonlicht gegen den nachtschwarzen Gewitterhimmel – wie Marmorbilder! Damals, 1946, zeigte die Wiener Hofreitschule nach dem Krieg ihre erste Schau in Hamburg. Die phantastischen Bilder aus der frühen Kindheit hatten unbewusst Jahrzehnte überdauert, um mir in jenem Moment in Wien mein Thema einzugeben: »Magische Rosse – schwarz und weiß«, wobei es sich im Einklang mit der Schwarzweiß-Fotografie auch nur um Schimmel und Rappen handeln sollte.

In meiner Phantasie überschlugen sich geradezu Pferde aus der Welt der Sagen, der Märchen und Dichtung, aus Kunstwerken von der Antike bis in unsere Zeit. Ich sah den Schimmelreiter am Abgrund, den Erlkönig im Geisterritt, Pegasos mit Sonnenrossen über den Götterhimmel fliegen und ein Wolkenross sich im Wasser spiegeln. Die Griechen gaben ihnen Flügel und eine Stimme. In allen alten Kulturen wurden sie als unsterbliche Wesen vom Wind gezeugt. So auch das arabische Pferd, das Allah im Koran seiner göttlichen Bestimmung übergibt, im Heiligen Krieg als schnellstes, tapferstes Geschöpf den Islam über die Erde zu verbreiten. Heute noch werden Araberstuten »Tochter des Windes« und -hengste »Trinker der Lüfte« genannt.

Nicht immer haben Schimmel Licht und Leben bringende Bedeutung. So spielt bei den apokalyptischen Reitern in der Bibel das »fahle« Pferd die schwärzeste Rolle, während sonst das schwarze Pferd immer Unheil und Tod verkörpert. Im »Alptraum« von Raskolnikow treten Rappen wie drohende Dämonen auf, so wie sich auch das Dämonische im »ehernen Reiter« von Alexander Puschkin Bahn bricht. Im gleichnamigen legendären, dunklen Denkmal in Sankt Petersburg scheint Peter der Große im wilden Ritt alles unter sich begraben zu wollen.

Beim Gedanken an das Gemälde »Guernica« von Pablo Picasso zeigt sich mir zuerst das aufgerissene Pferdemaul, während der »Behexte Stallknecht« von Hans Baldung Grien immer noch Rätsel aufgibt. Dagegen beschreibt Vergil in der »Georgica« das ungezähmte, wilde Brunstverhalten der Stuten und die oftmals todbringenden Kämpfe rivalisierender Hengste, so wie sie sich noch heute abspielen.

Das Thema »Mythos Pferd« bedeutete für mich nicht den Sprung in das Reich der Mythen und Träume, vielmehr wollte ich vor diesem Hintergrund der Poesie der »großen, nervösen Geschöpfe«, wie Hans Magnus Enzensberger sie in einem Brief nennt, vor denen er sich »fürchte«, im Diesseits auf die Spur kommen:

So betrat ich in der Begegnung mit dem Bildhauer Fritz Koenig, der Araberpferde wie Skulpturen züchtet, eine andere Welt. Mit seinem Schimmelhengst Nuri, leicht und durchscheinend wie eine Fee, verband ihn eine Liebe, die mich seltsam berührte. – Ein Kentaur?

Ein Pferd mit seiner bis auf den Boden reichenden Mähne auf dem Gemälde von Roelant Savery ließ mich nicht mehr los, bis ich ihm leibhaftig in einer Osterprozession in Jerez begegnete!

In der brennenden Sonne Andalusiens schien fern am Horizont ein achtbeiniges Pferd zu grasen. Ich erinnerte mich, »Sleipnir« hieß Wotans Zauberross mit acht Beinen! – In der aufgeladenen Atmosphäre der Stierkampfarena nahmen die gebannten Gesichter und Reiter apokalyptische Züge an, wie auch beim Rausch des »Dreiminuten-Rennens« des Palio in Siena.

Während meiner weiteren Spurensuche stellten sich auch Reiterdenkmäler großer Feldherren und

Eroberer in den Weg: Marc Aurel in Rom wurde inzwischen mit seinem Pferd vom Sockel gestoßen und grüßt seitdem im Museum in Augenhöhe in eine unsichtbare Ferne hinter einer Glaswand.

Marengo, der berühmte Araberhengst, der Napoleon bis nach Russland und zurück getragen hat, um bald danach in der Schlacht bei Waterloo die Beute Wellingtons zu werden, stiert ausgestopft im Invalidenmuseum in Paris vor sich hin, während sein Skelett den Touristen in einem englischen Museum etwas Geschichte erzählt.

So wie die Kavallerie im Zweiten Weltkrieg ihr Ende fand, machte auch das Pferd, der wichtigste Begleiter des Menschen über Jahrtausende, schließlich den Motoren Platz, deren Kraft man noch immer in »Pferdestärken« misst. Nur allzu gern glaubt man auch weiterhin an Glück bringende Hufeisen.

Das Pferd selbst hat jetzt die Rolle eines Paradiesvogels angenommen und dient den Menschen als Spieltier und Luxussymbol im Sport, im Zirkus und auf Hengstparaden. Dennoch – in einem letzten Triumph lässt sich die Natur die Schau nicht stehlen: In der Metamorphose des Schimmelfohlens, das als dunkles oder schwarzes Wesen das Licht der Welt erblickt, um sich nach einigen Jahren als Schimmel zu entpuppen, erschafft sie das Wunder in Schwarz und Weiß.

Endlich sitze ich ab vom Pferd und überlasse zwei Dichtern das Wort:

… nur noch sterben und dann
der Sprung aufs Pferd.
OSSIP MANDELSTAM

… und das weiße Pferd ist
wirklich ein Mythos.
Es steht da, wie einst Goethe
am Fenster.
ELISABETH BORCHERS

Als Gott das Pferd erschaffen hatte,
sprach er zu dem prächtigen Tier:
»Dich habe ich gemacht ohnegleichen.
Alle Schätze der Erde liegen
zwischen deinen Augen.
Du wirst meine Feinde werfen
unter deine Hufe, meine Freunde
aber tragen auf deinem Rücken.
Dieser soll der Sitz sein, von dem
Gebete zu mir aufsteigen.
Auf der ganzen Erde sollst du
glücklich sein und vorgezogen werden
allen übrigen Geschöpfen:
denn dir soll die Liebe werden
des Herrn der Erde.
Du sollst fliegen ohne Flügel
und siegen ohne Schwert.«

KORAN

Nacht. Tiefe Nacht. Der alte Mann und das Pferd.
Am Rand der Schlucht brennt das Lagerfeuer.
Die Flammen steigen und fallen im Wind.
Auf der hart gefrorenen Erde wird der Passgänger zu Eis.
Bleierne Schwere sitzt ihm im Nacken.
Sein Kopf schwankt müde.
Er kann keinen raumgreifenden Pass geben.
Fußschellen halten ihn fest.
Wir würden dahinfliegen, aus voller Brust atmen,
aus vollem Halse wiehern!
Bald kämen die Steppen und die Stuten, die Fohlen
und der Wermut. Aber die Schellen halten ihn fest.
Allein, beim Klirren der Ketten, wie ein flüchtiger Sträfling,
geht er seinen Weg, Schritt für Schritt.
Leer, dunkel, einsam.
Droben im Wind leuchtet der Mond.
Er steigt und fällt
bei jedem Sprung wie ein Stein.
Hell und dunkel, dunkel und hell.
Die Augen schmerzen.
Am Rande der Schlucht brennt das Lagerfeuer.
Auf der hart gefrorenen Erde wird der Passgänger zu Eis.

TSCHINGIS AITMATOW

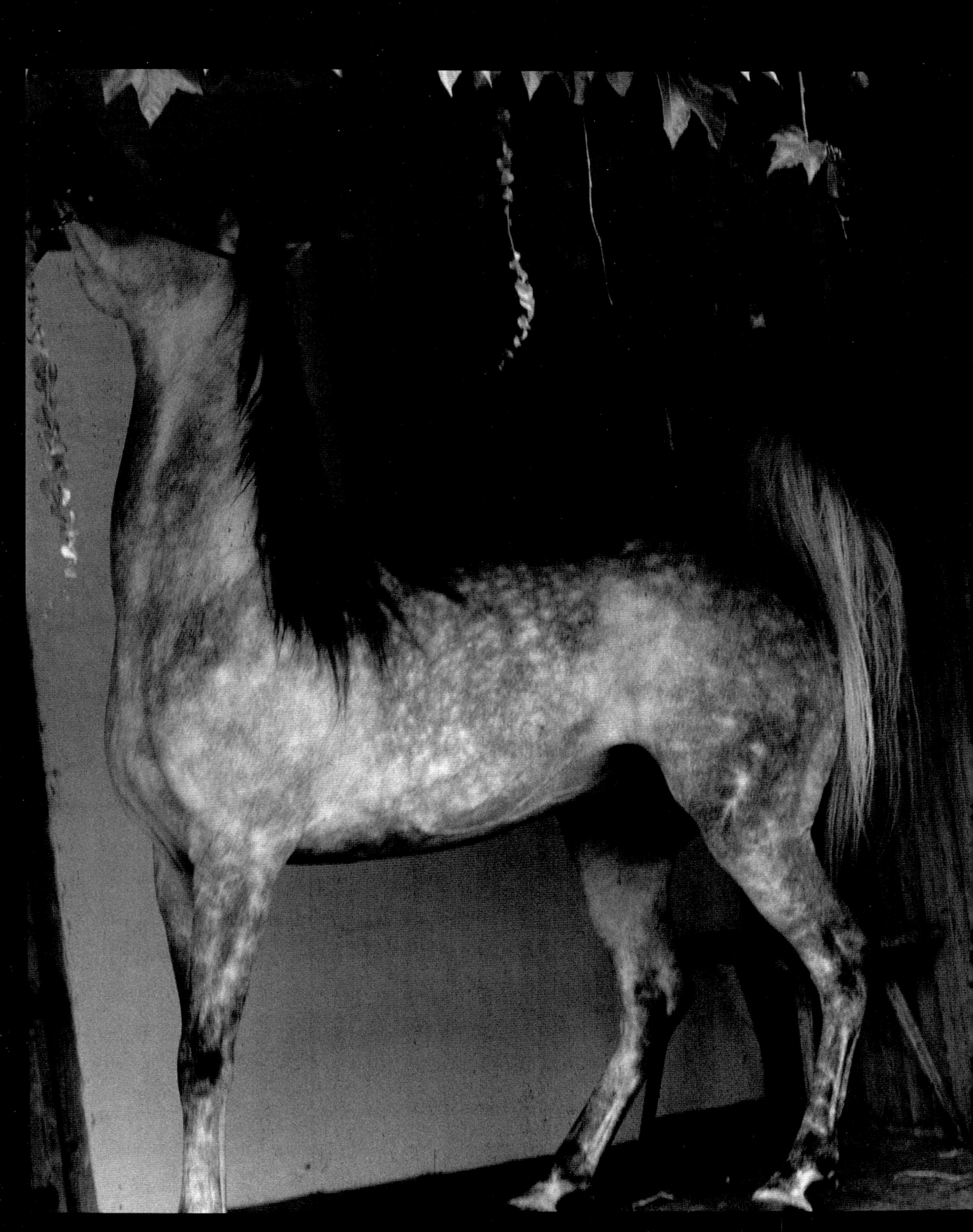

Zirkuspferde

Der Tempel der Pferde ist der Zirkus, ich meine, jedes Pferd
will spielen, und das heißt auf die Sprache des Wieherns, beten;
alle Tiere wollen spielen, aber welche Tieraugen
brennen vor Begeisterung so tief wie die des Rappen;
die Schimmel sind fromme Pilger oder Heilige.
Päpstinnen, wie Santa Anna, Leo ritt auf ihren unbefleckten,
weißen Rücken zwischen frommen Hecken
seiner päpstlichen Gärten.
Ich gehe jeden Monat in den großen Zirkustempel Busch,
zu jedem Feiertag der Pferde, zu ihrem Galadienst. Am liebsten
sind mir ihre Feiern, ohne vielerlei Äußerlichkeiten,
wenn sie ungesattelt ohne Reiter oder Reiterinnen
sich tanzend im Kreise bewegen,
ihr eigenes Blut feiern nach Herzenslust. ....
Mein Vater und meine Mutter ritten durch die Akazienchausseen meiner Heimat; meiner
Mutter Edelstute wallfahrtet oft
durch meine Erinnerung und trägt mir dichterische
Gedanken zu, und meines Vaters Hengst setzt über mein Blut und lässt es aufschäumen. Ich
liebe euch, ihr Pferde
mit den langen Seidenschweifen, Atlas ist eure Haut und
feuerfarbener Samt eure Augen. Solche Schönheit ist die
Frömmigkeit der Pferde, gezüchtet, spielfähig und buntgebenedeit. Ich wüsste keine andere
Stätte, die den Namen Tempel der Pferde verdiente, wie den Zirkus. Etwa den Rennstall? ....
Hochmütig ihrer Zucht bewusst, schütteln die
Herrenpferde ihre Mähnen, kehren verächtlich dem Liebesäugeln einer dreisten Lastpferdin
oder einer brünstigen
Dickschenkelin ihres Pferdevolkes den Rücken.
Sie gehen keine Mesalliance ein.
Glücklich macht mich der Anblick eines Reiters, passt er sich dem Denken seines Trägers an.
Wie denkt sein Pferd, sein wohlgepflegtes Pferd? Trabweise, sprungweise, galoppierend, immer
in Gedanken, treu seiner Bewegung. Und das überträgt sich dem Kavalier und seiner Dame,
Halbpriester, der da oben, Halbpriesterin, die auf des Pferdes Rücken. Voll Spiellust sind die
Füllen; jeden Morgen wartete ungeduldig so ein Nimmermüdes auf mich und meine Schul-
kameradin. Über den Zaun auf seine Wiese sprangen wir schulvergessend – wer von uns drei
wohl am liebsten Zeck spiele! Darum empfinde ich schmerzlich jede Misshandlung der
Karrenpferde. Bang wie Regen fließen die dunklen Lider über ihre trüben Augen. Wie denkt
so ein Pferd? Kummer bedrückt sein Herz und beugt seinen verhärmten Kopf. Manchmal
tröstet der Braune den Schwarzen oder der Apfelschimmel die müde Apfelschimmelin. ...
Ich liebe euch alle, ihr Pferde, auch die Zwergpferdchen aus Gullivers Zwerglande
im Zirkus Busch.

ELSE LASKER-SCHÜLER

Der Eherne Reiter

Im Herzen jammernde Beschwerde,
Umschlich Eugen das Reiterbild,
Und seine Augen schauten wild
Den Herrscher an der halben Erde.
Schwer ging sein Atem. Sein Gesicht
Sank an das Gitter, und das Licht
Erlosch in seinem Auge. Flammen
Durchzuckten jäh sein wehes Herz.
Er trat vors stolze Bild aus Erz,
Zog knirschend seine Hand zusammen
Und zischte wie in Fieberglut,
Im Banne nachtgeborner Schauer:
»Ha, wundertätiger Erbauer!«
Er zitterte in dumpfer Wut:
»Auf ewig sei …« Jäh sank sein Mut.
Er floh entsetzt. Ihm war, als wandte
Im halb erwachten Sternenlicht
Der Strenge langsam sein Gesicht,
Das jäh in grausem Zorn entbrannte
Er läuft durch leere Straßenreihn
Und hört voll namenloser Pein
Im Rücken donnergleich ertönen
Gewalt'ger Hufe ehern Dröhnen
Auf dem erschütterten Gestein,
Im Mondstrahl den entsetzten Streiter
Verfolgt, ein ragender Koloss,
Erhobnen Arms der Eherne Reiter
Auf dröhnend galoppierendem Ross …
Eugen, von Angst gewürgt, läuft weiter,
Doch, wohin er den Lauf auch lenkt,
Die ganze Nacht der Eherne Reiter
Ihm nach mit schwerem Stampfen sprengt.

ALEXANDER PUSCHKIN

Wien tanzte im Schneefall, der Sohn des Gardeoffiziers
ging jeden Vormittag in die alte Reithalle und schaute den Übungen
der spanischen Reiter und der weißen Lipizzaner zu.
In den Körpern von Reitern und Pferden war etwas,
eine Art Vornehmheit und Adel,
eine Art schuldbewusster Wohltätigkeit,
ein Rhythmusgefühl, wie es allen edlen Seelen und
vornehmen Körpern eingeschrieben ist.

SÁNDOR MÁRAI

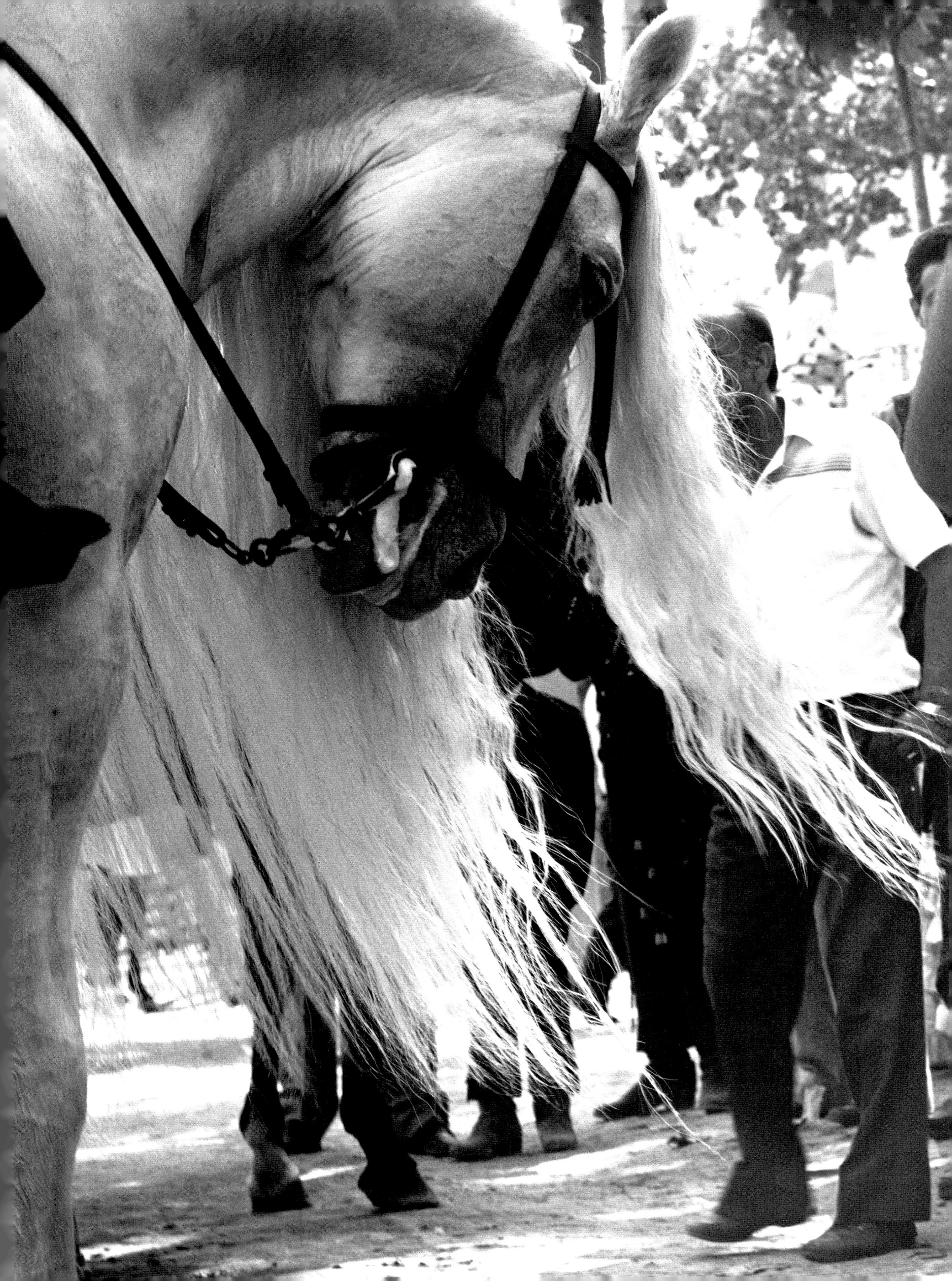

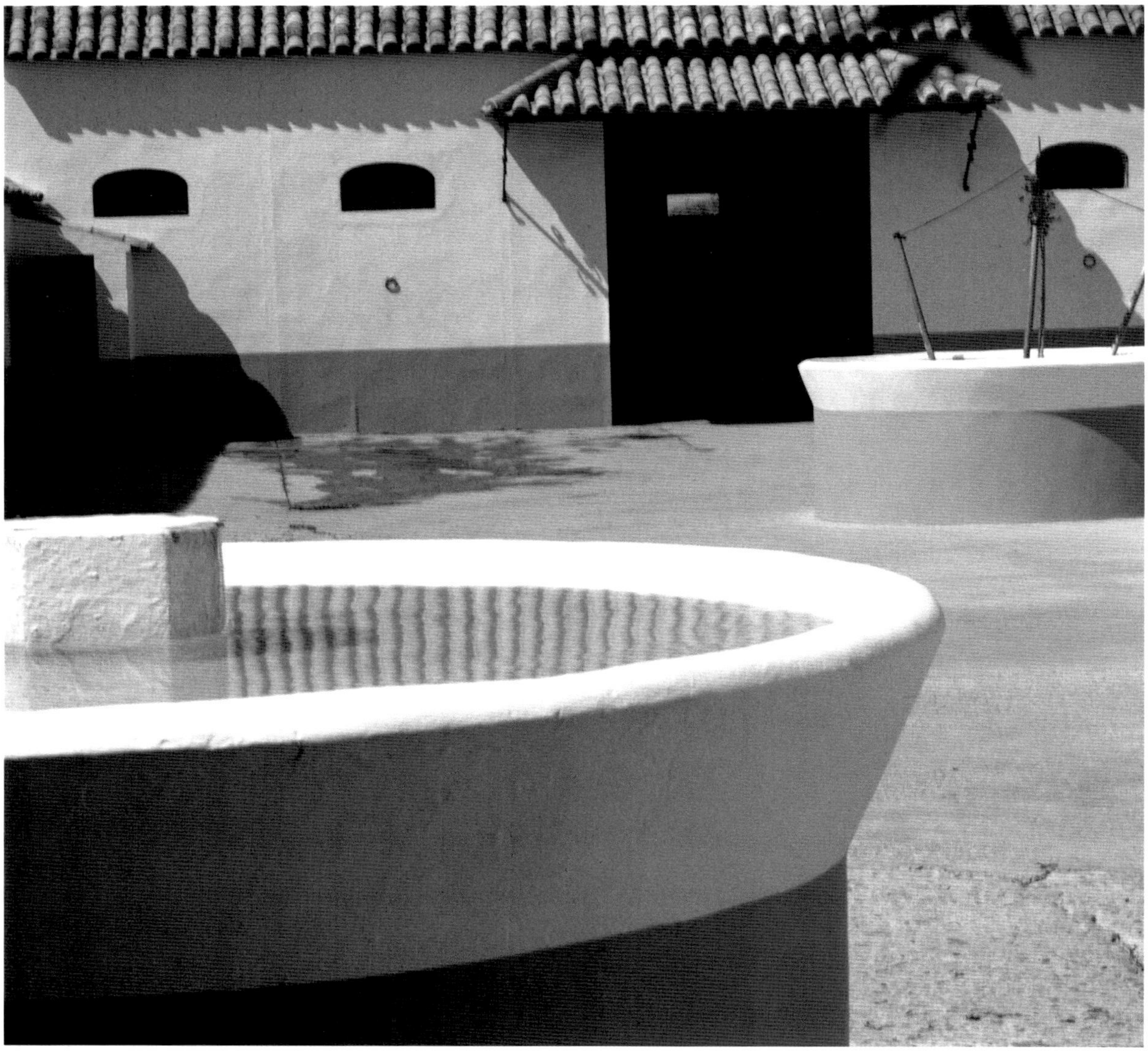

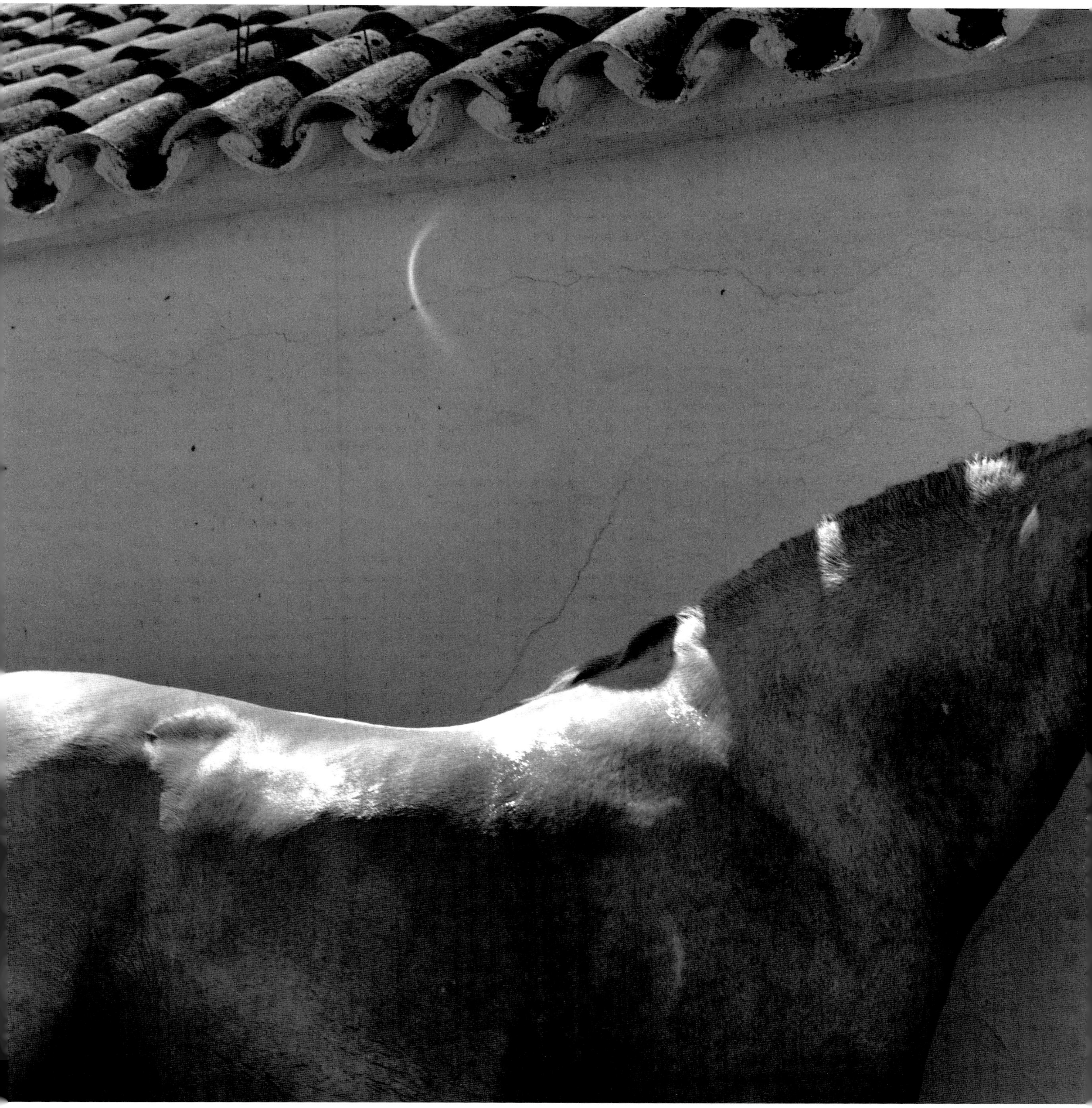

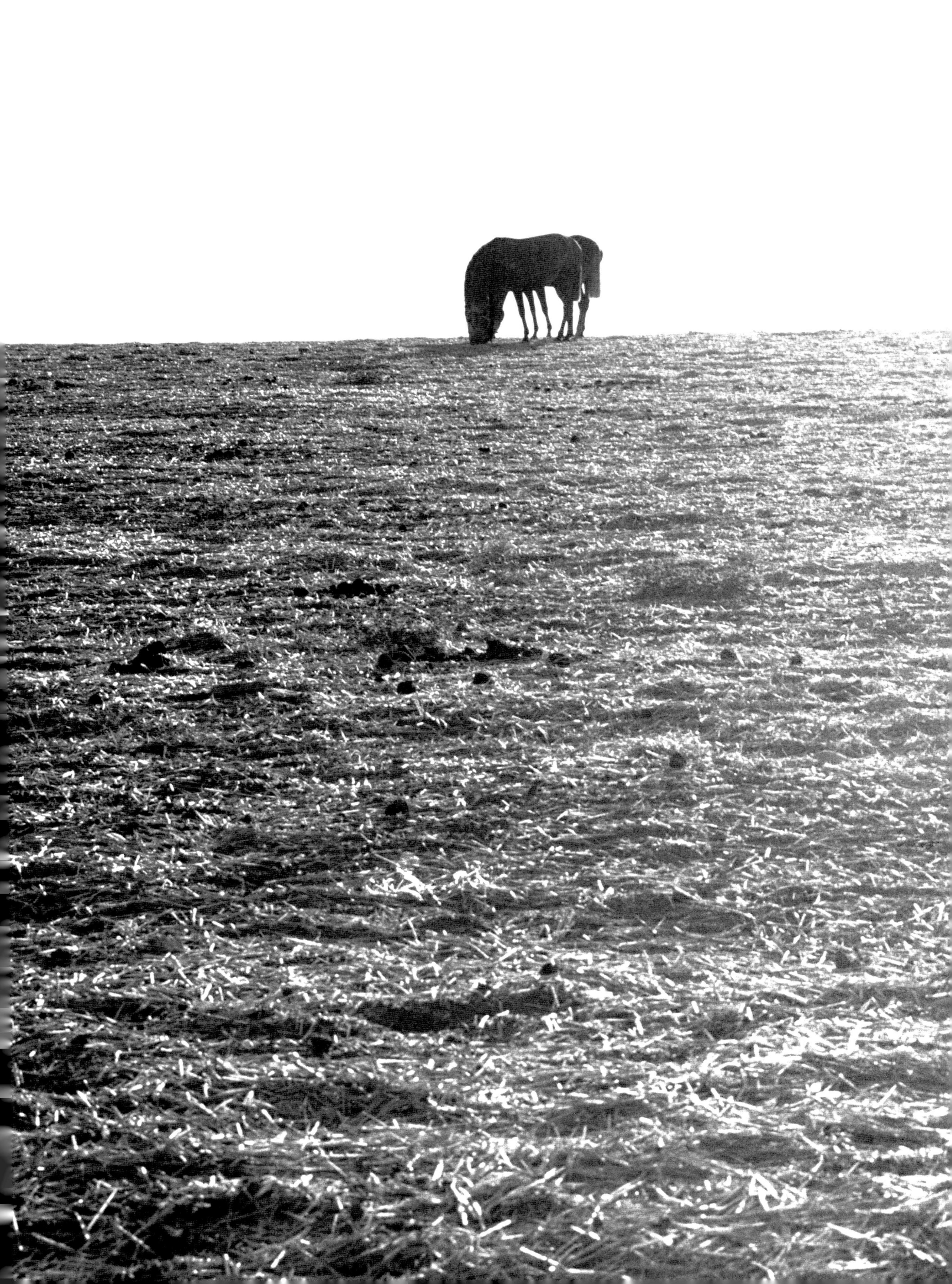

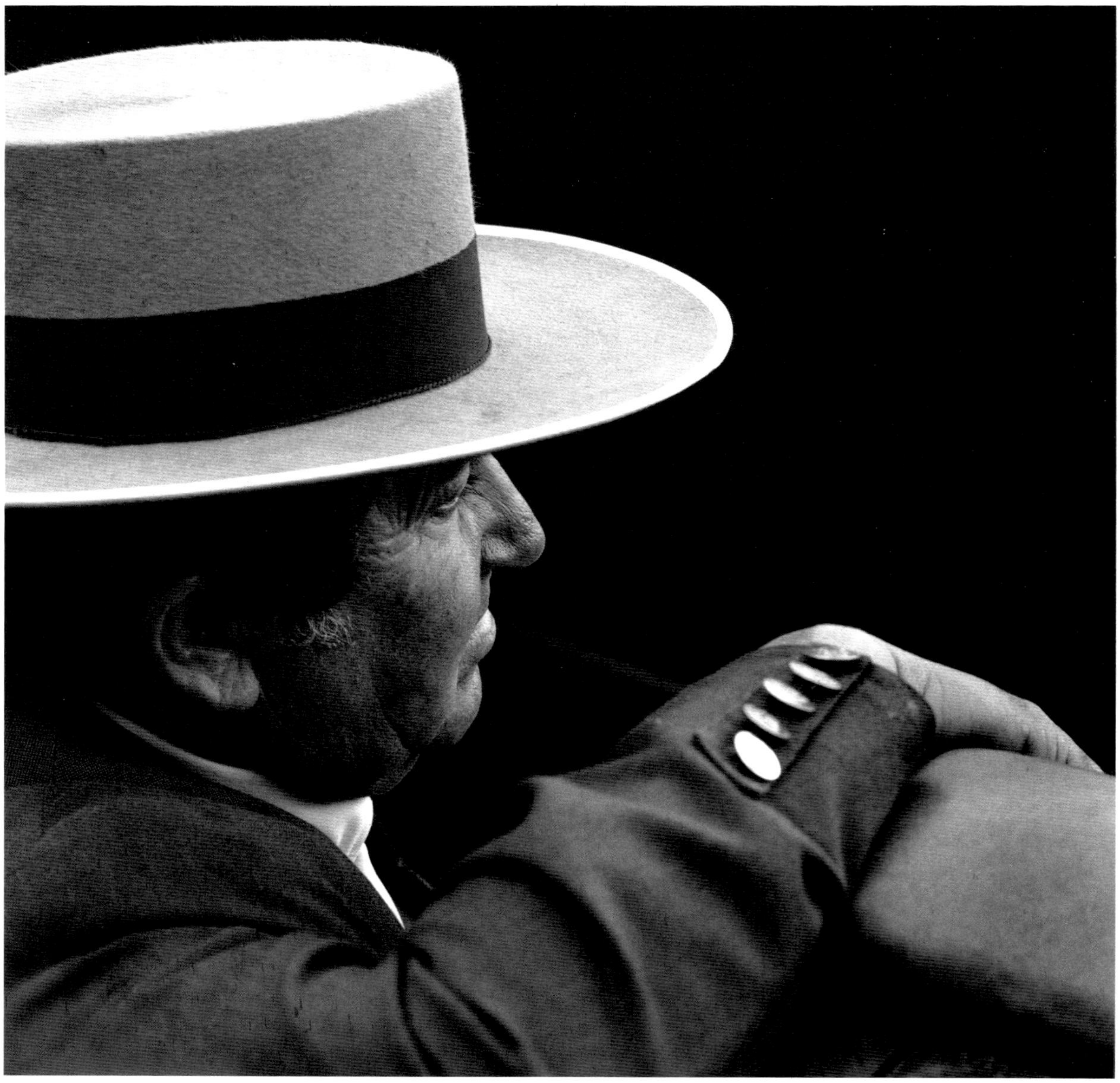

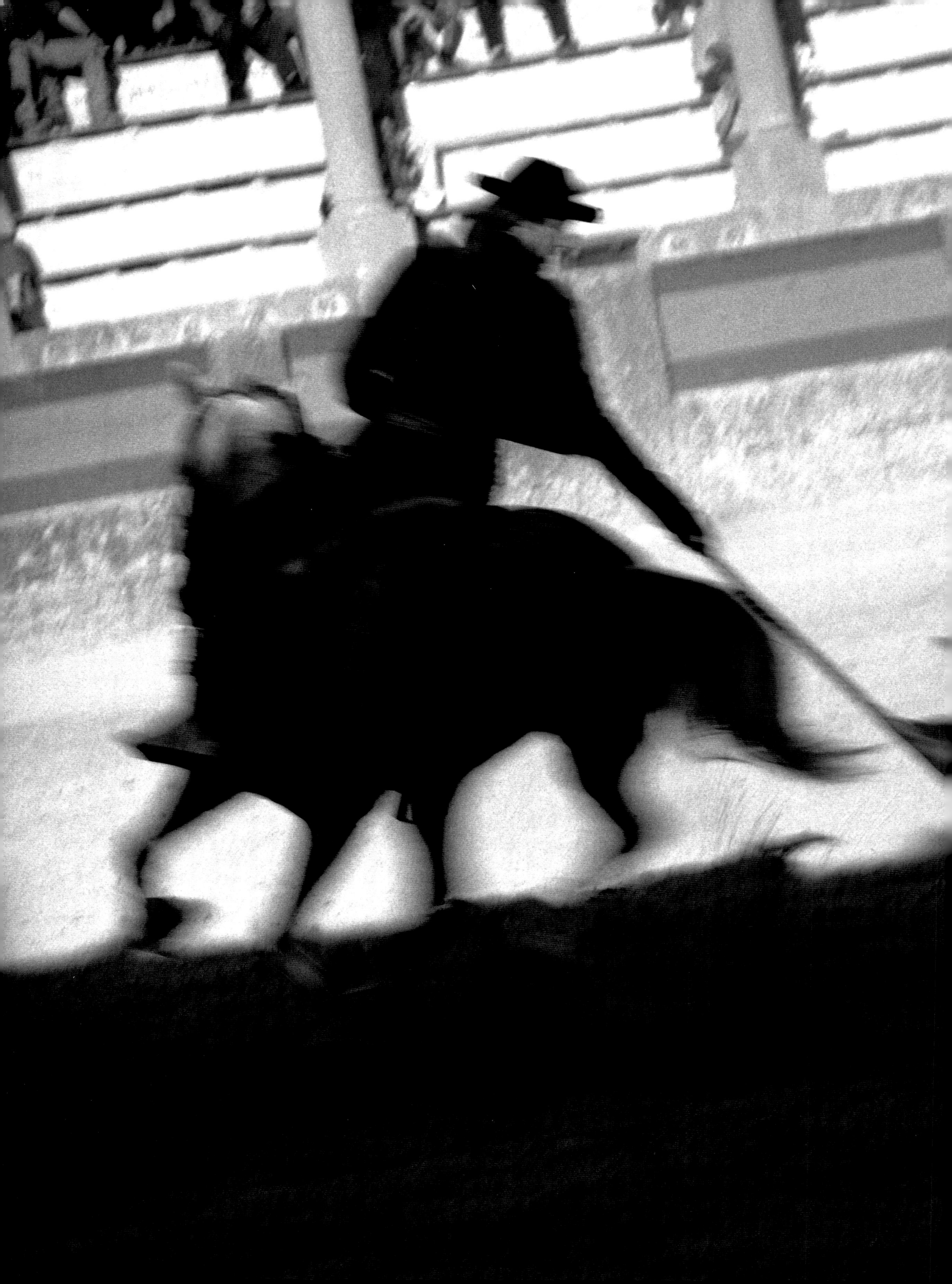

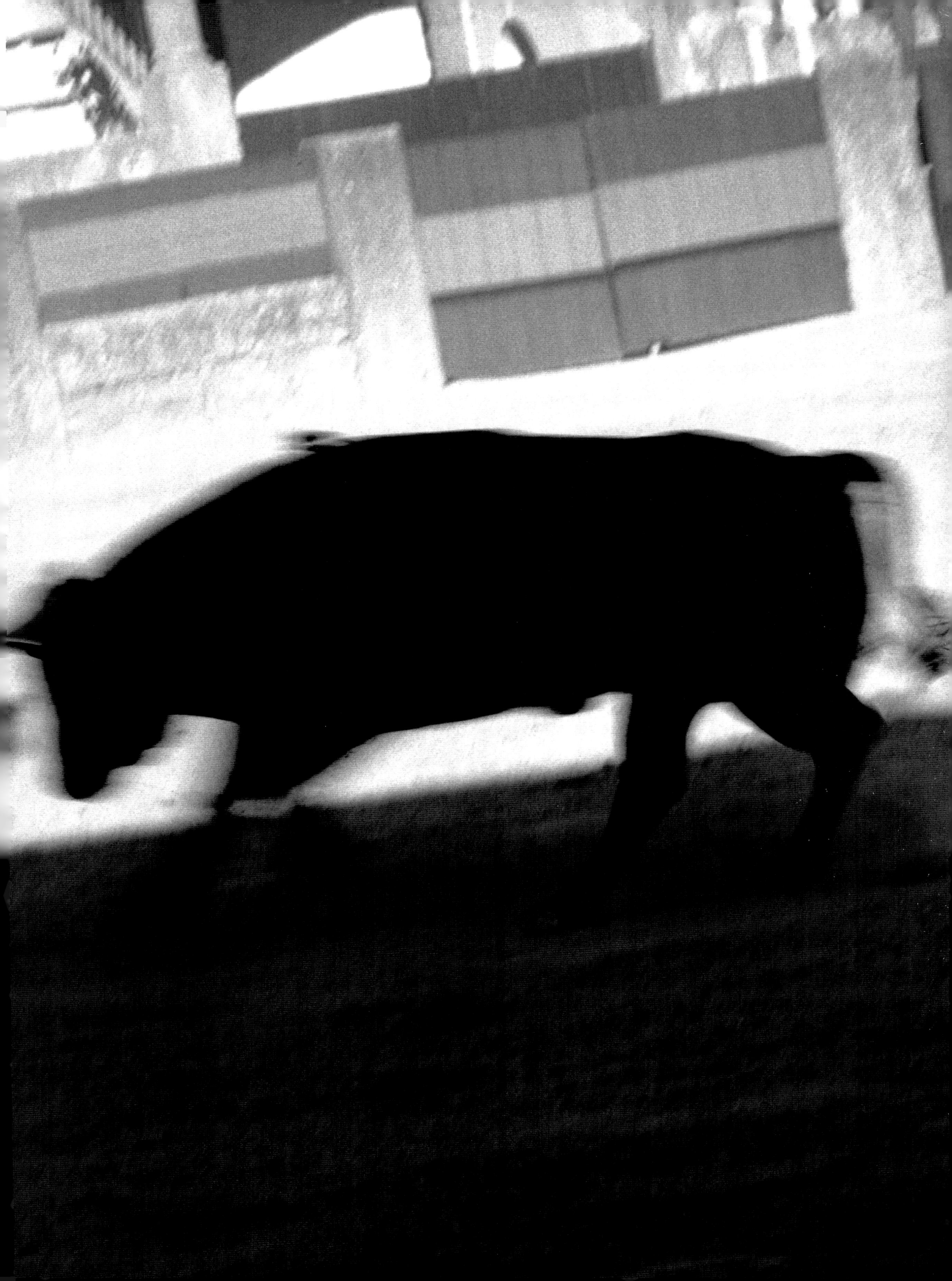

Der schwarze Horizont

Der schwarze Horizont war heller als
das Schwarz von seinen Fesseln, seinem Hals.
Wir sahn an jenem Abend dieses Ross
als unser Lagerfeuer Funken schoss

Nichts war so abgrundschwarz wie eben er.
Auch seine Zähne waren schwarz wie Teer.
Es war ganz dunkel wie die Nacht, das Nichts.
Vom Schweif zur Mähne jenseits jeden Lichts.
Obwohl ganz anders, dunkler als genug
sein Rücken schwärzte, der nie Sattel trug.
Er stand bewegungslos. Als wenn er schlief.
Das Schwarz der Hufe ängstigte uns tief.

Er war ganz schwarz, nahm keinen Schatten wahr.
Bis auf das äußerste verdunkelt – fast ein Mahr.
So schwarz wie Nebel in der Finsternis.
So schwarz wie innen eine Nadel ist.
So schwarz wie ferne Bäume, dunkelgrell.
Wie in der Brust das schwarze Rippenfell.
So wie die Saat in ihrem Ackerloch.
Ich dacht, wir seien innen schwarz, jedoch
er dunkelte noch schwärzer in die Flur!
Es war erst Mitternacht auf unsrer Uhr.
Er kam nicht näher. Seine Leisten, breit,
beherrschte bodenlose Dunkelheit.

Sein Rücken war bereits von Schwärze weg.
Es gab an ihm nicht einen lichten Fleck.
Das Weiß im Auge glühte schwarz heraus.
Noch schrecklicher sah seine Iris aus.

Als wär er irgendwessen Negativ.
Warum nur stand er so als wenn er schlief,
ohne Bewegung bis zum Morgengraun?
Warum am Feuer, damit wir ihn schaun?
Warum nur atmete er schwarzen Staub
und raschelte mit dem zertretnen Laub?

Warum vergoss sein Auge schwarzen Dunst?
Er suchte seinen Reiter unter uns.

IOSSIF BRODSKIJ

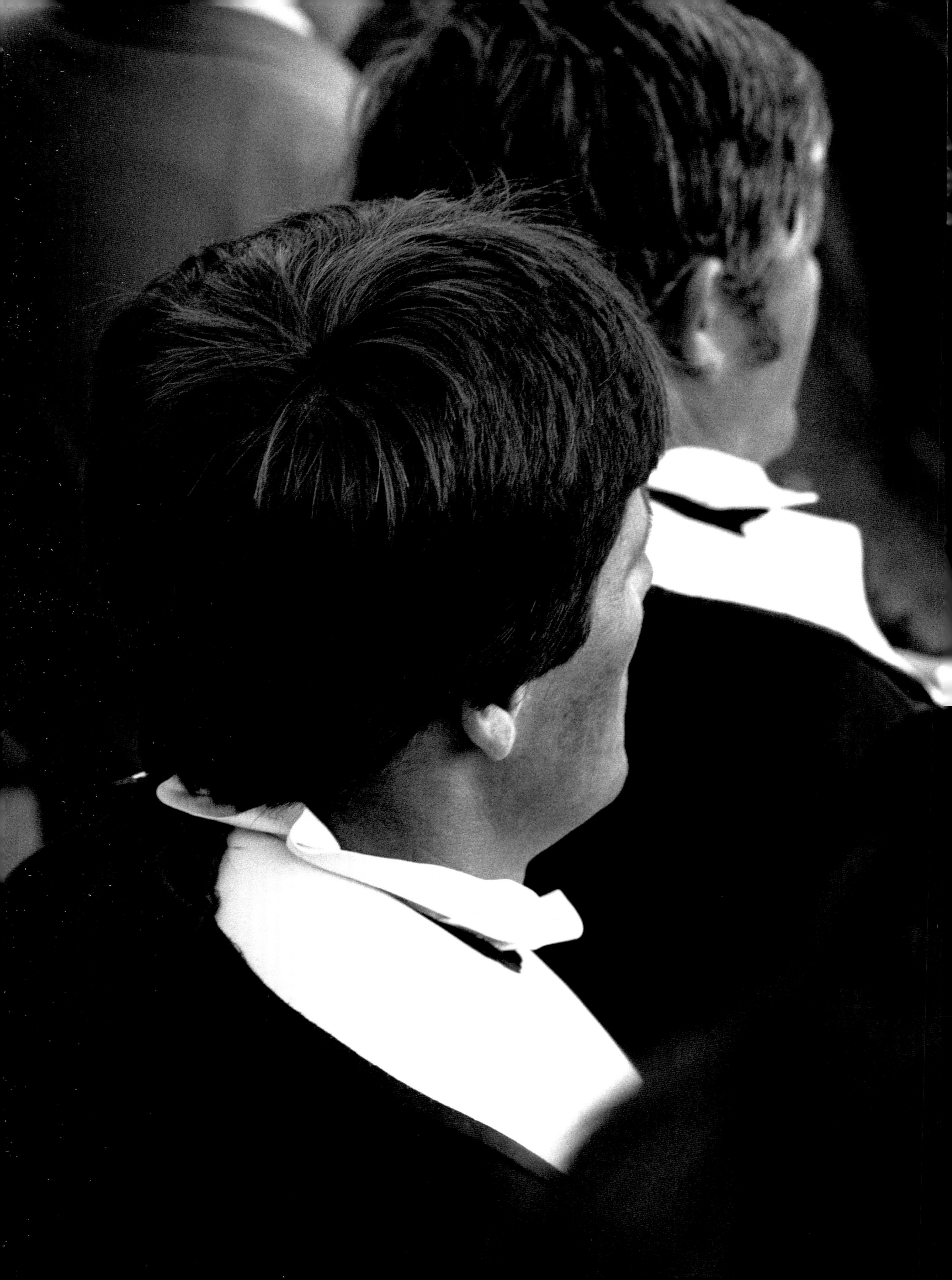

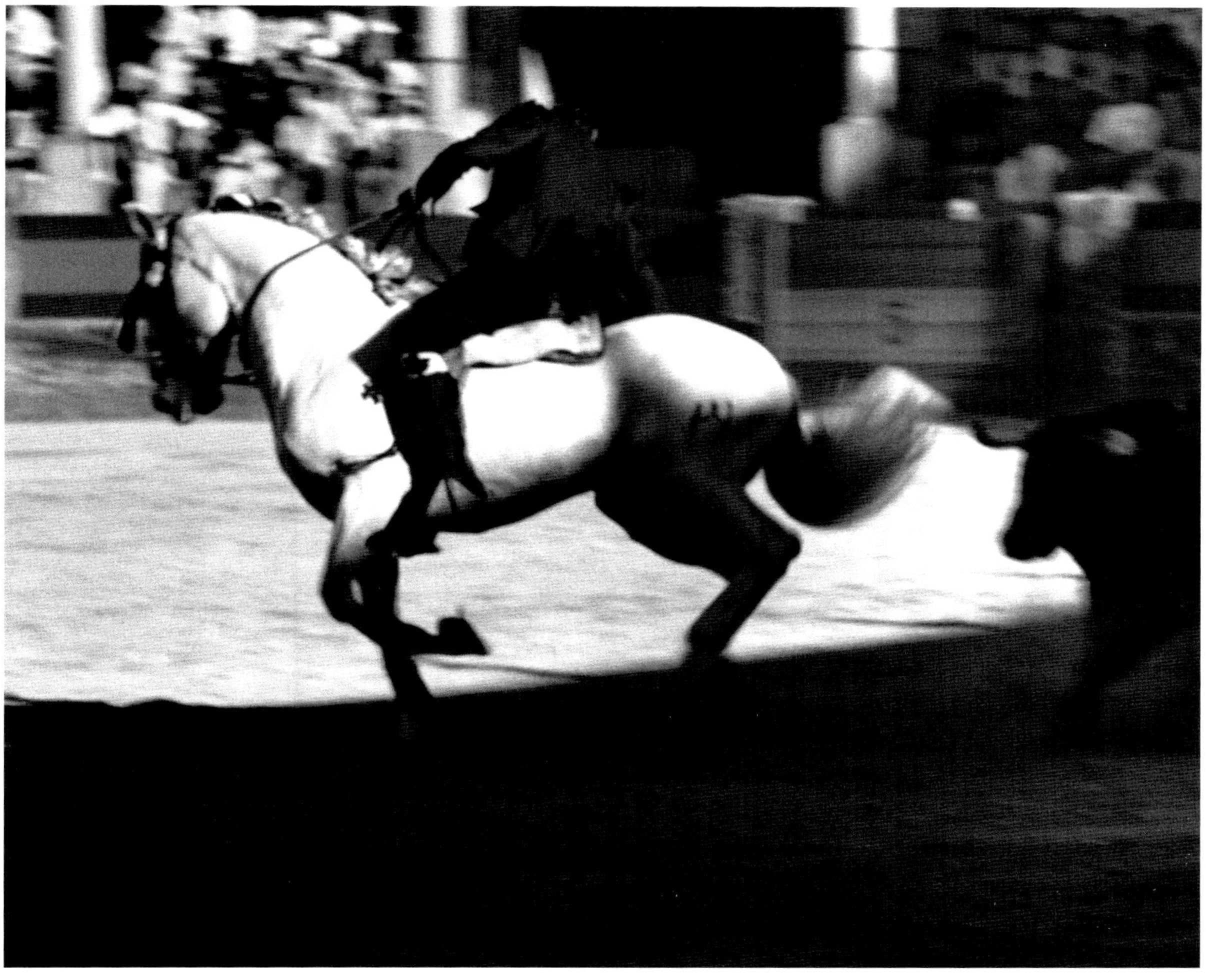

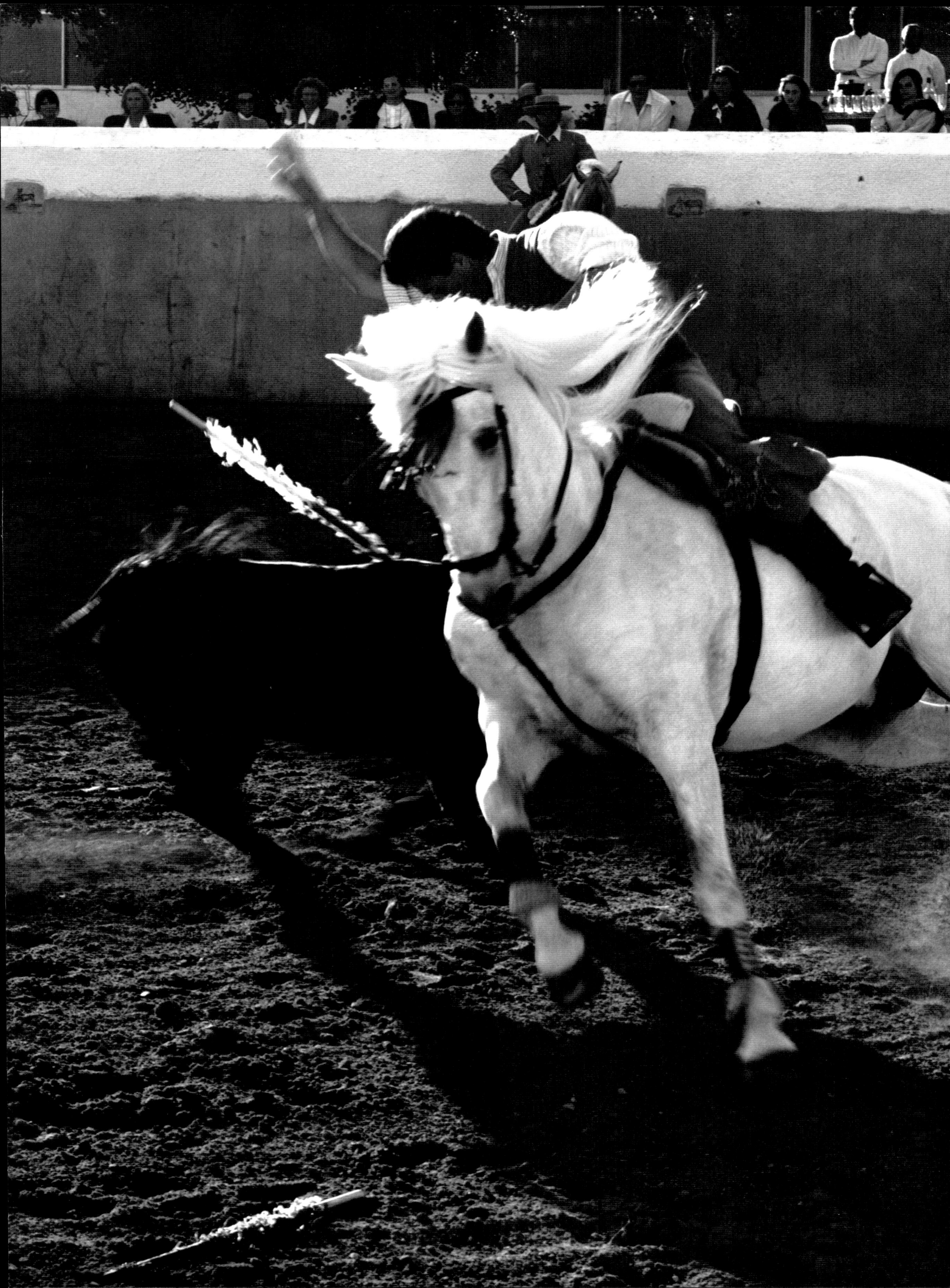

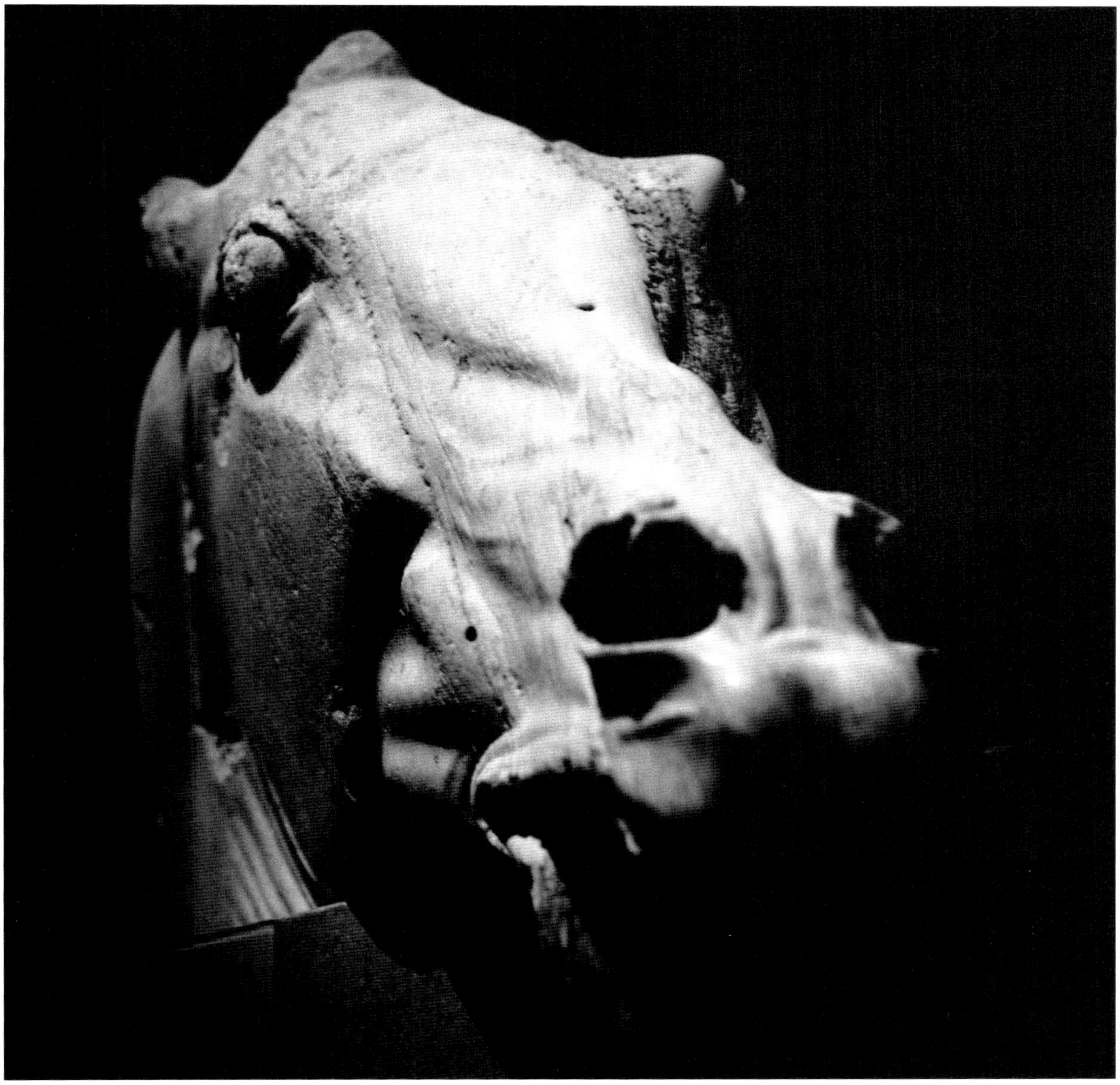

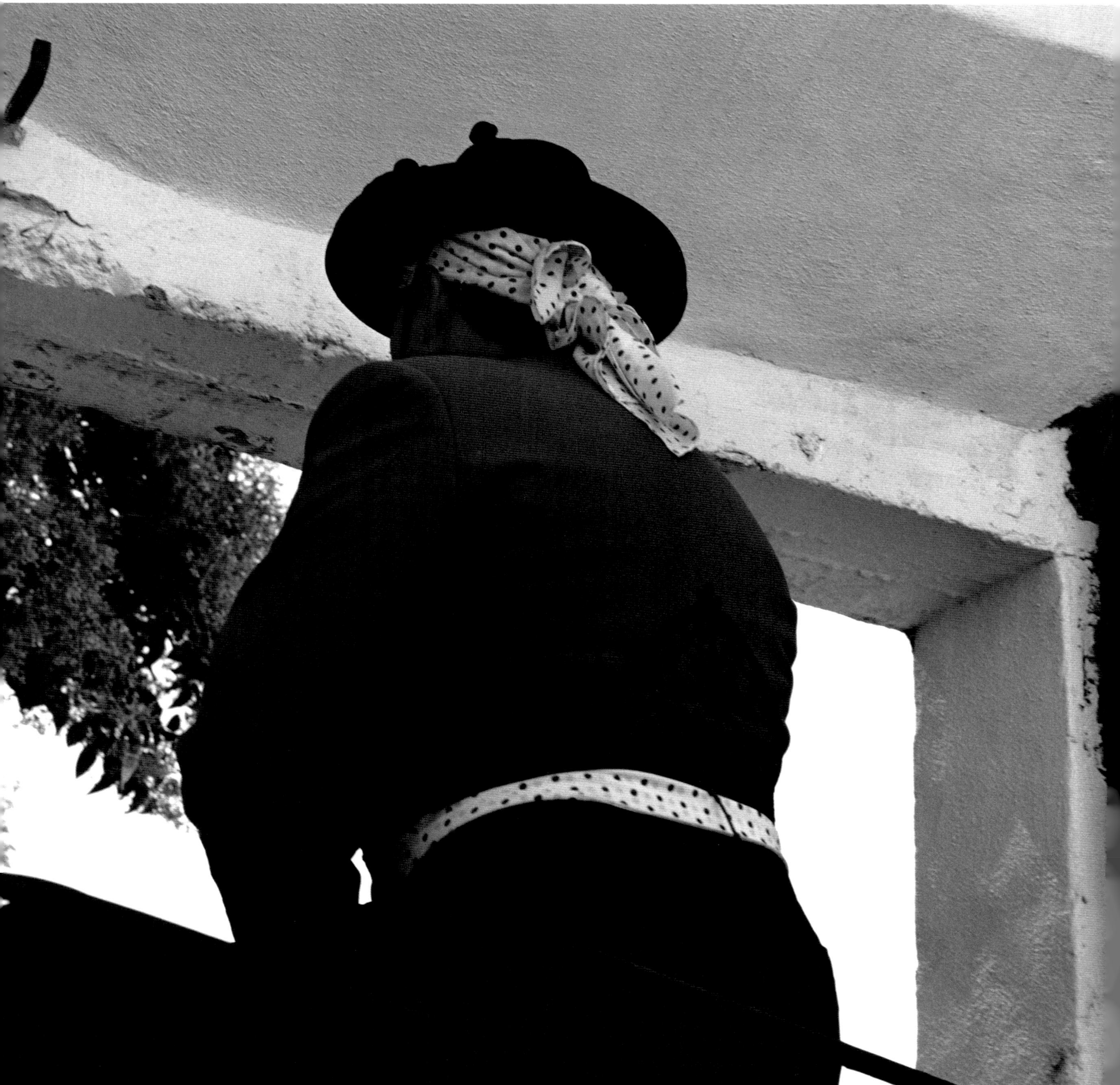

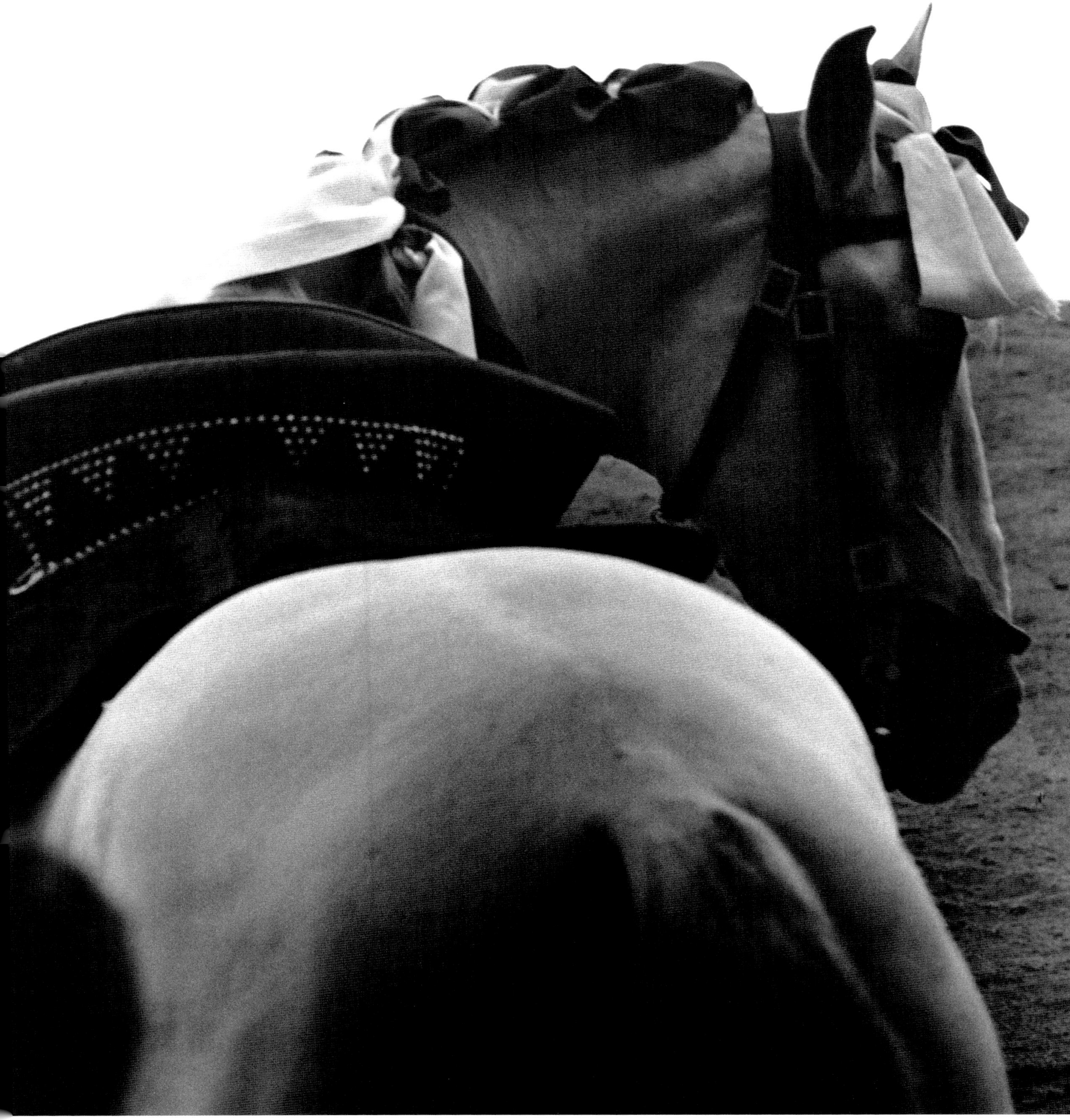

57

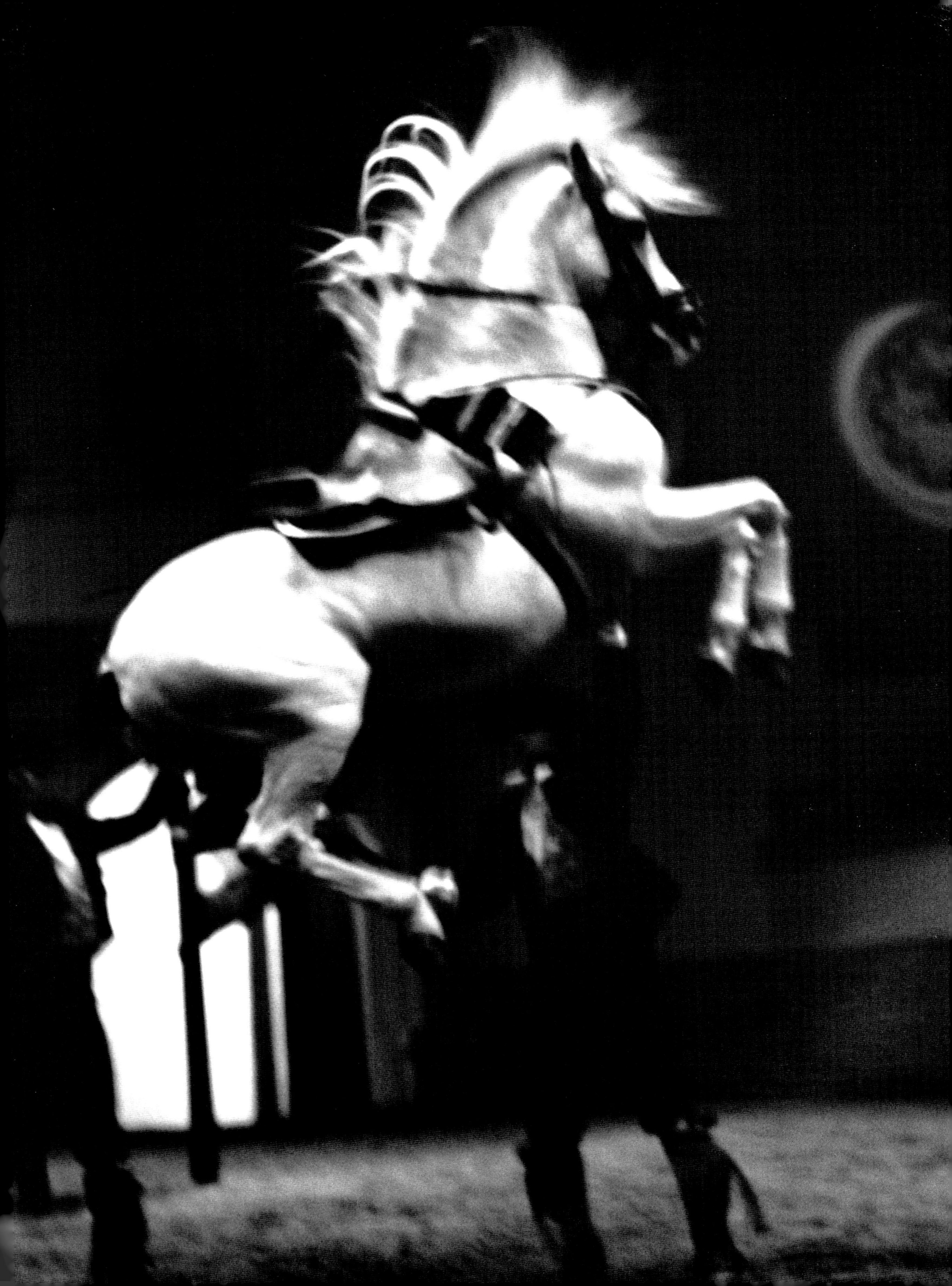

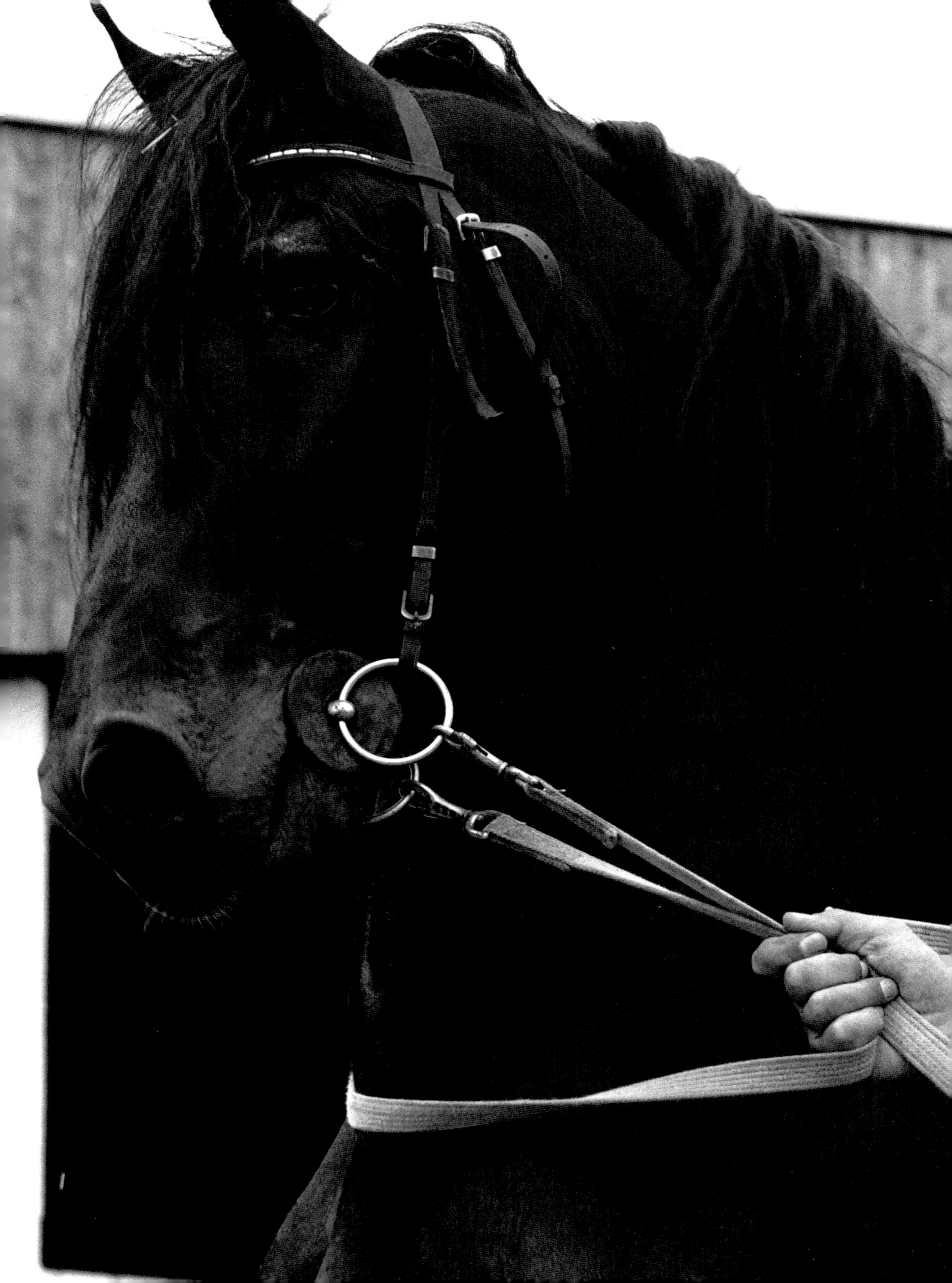

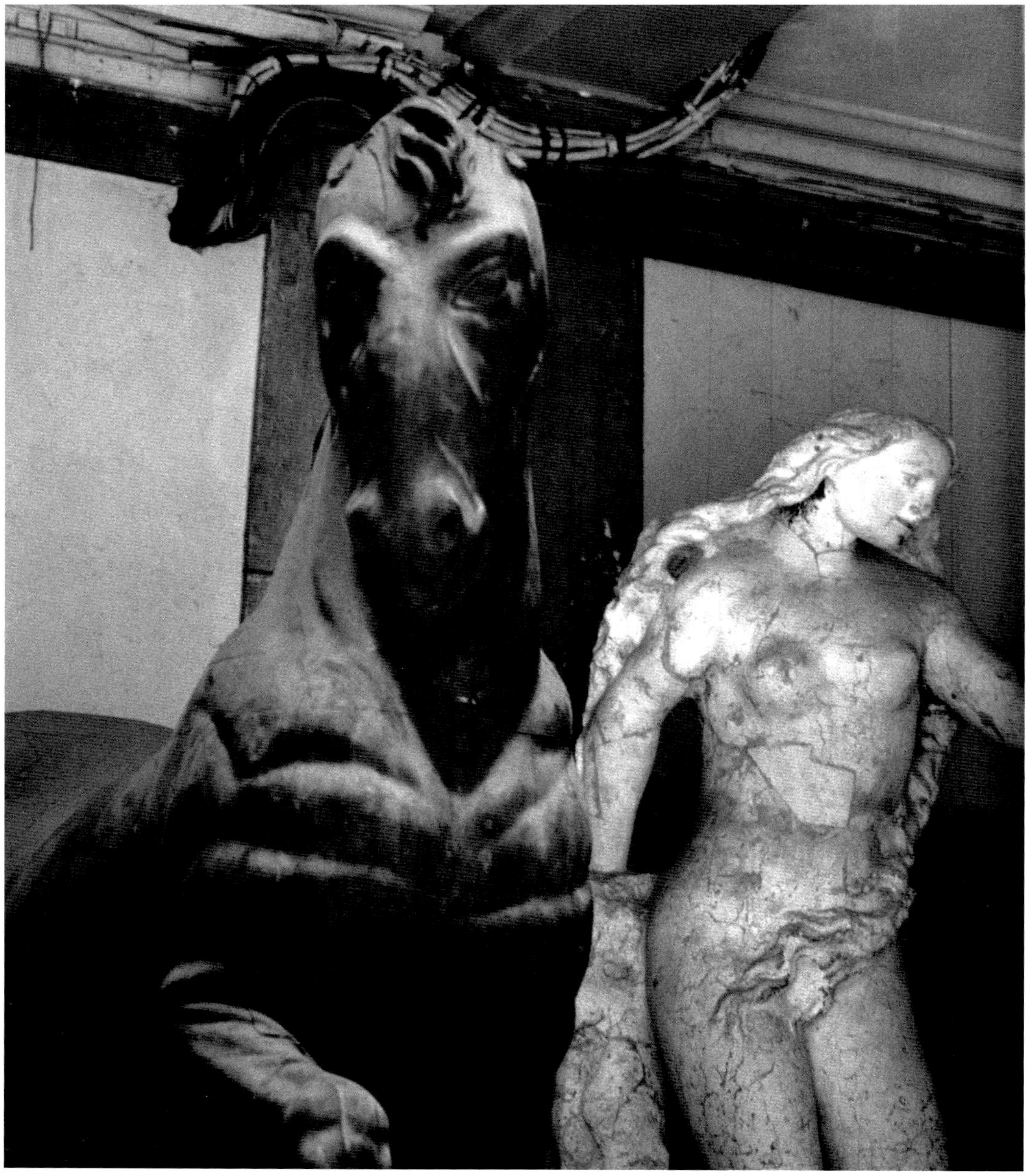

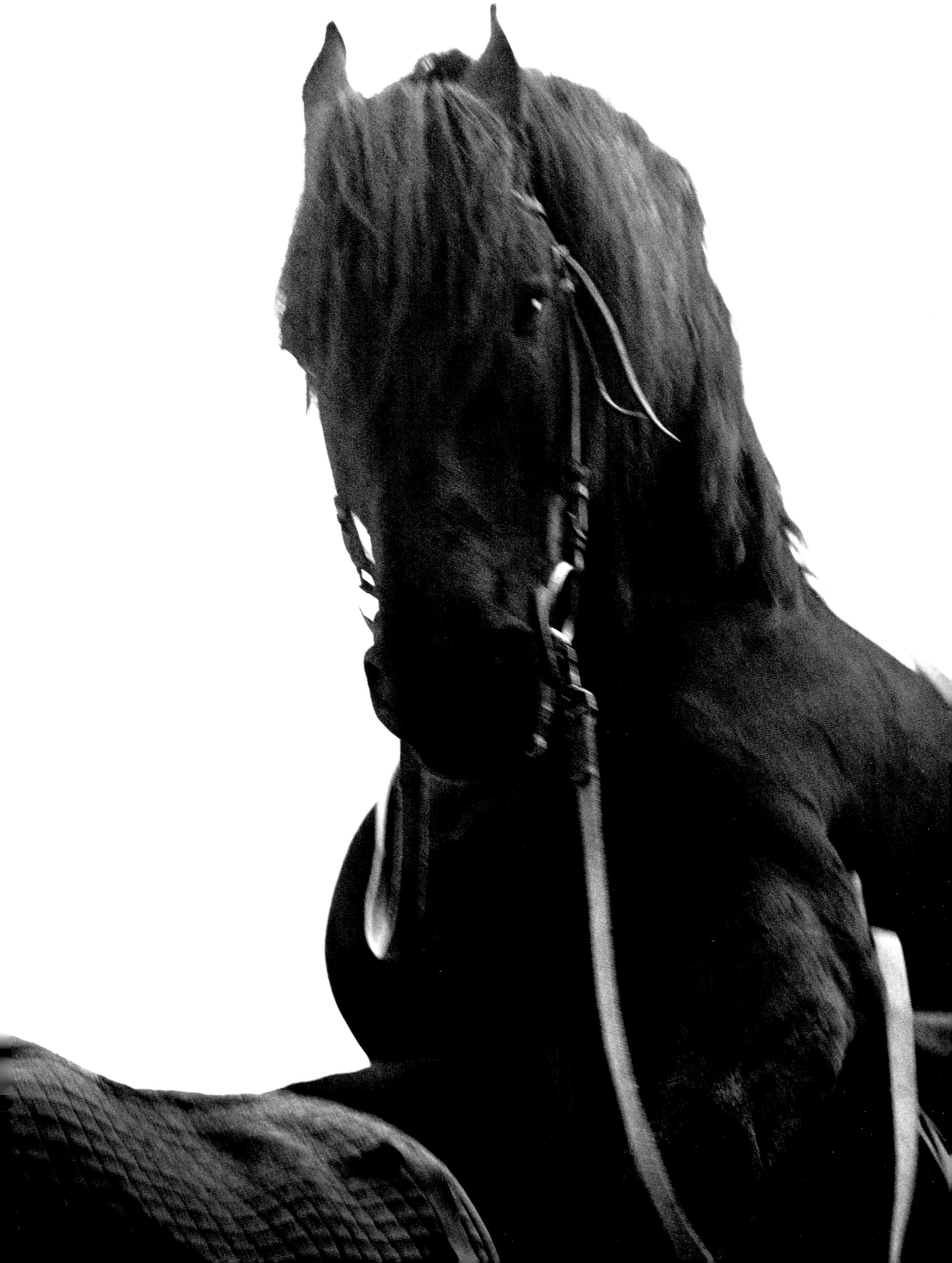

… Wie ich am Anfang dieses Gleichnisses jede Seele dreifach geteilt habe, in zwei Gestalten von Rosseart und drittens die Gestalt des Wagenlenkers, so wollen wir es auch jetzt weitergelten lassen.
Von den beiden Rossen, so sagten wir, sei das eine edel, das andere nicht. …
Das eine von ihnen in schönerer Haltung, ist aufrecht von Wuchs, feingegliedert, den Hals aufreckend, mit geschwungener Nase, von weißer Farbe mit dunklem Auge, stolz, aber auch Besonnenheit und Scham liebend, und da es den wahren Gedanken vertraut ist, wird es ohne Schlag, allein durch Befehl und Ermunterung gelenkt. Das andere ist senkrückig, plump und rasselos, steifnackig, kurzhalsig, stumpfnasig, schwarz von Farbe, die Augen mattblau mit Blut unterlaufen, der Ausschweifung und Frechheit freund, zottig um die Ohren, taub, kaum der Peitsche und dem Sporn gehorchend.

PLATON

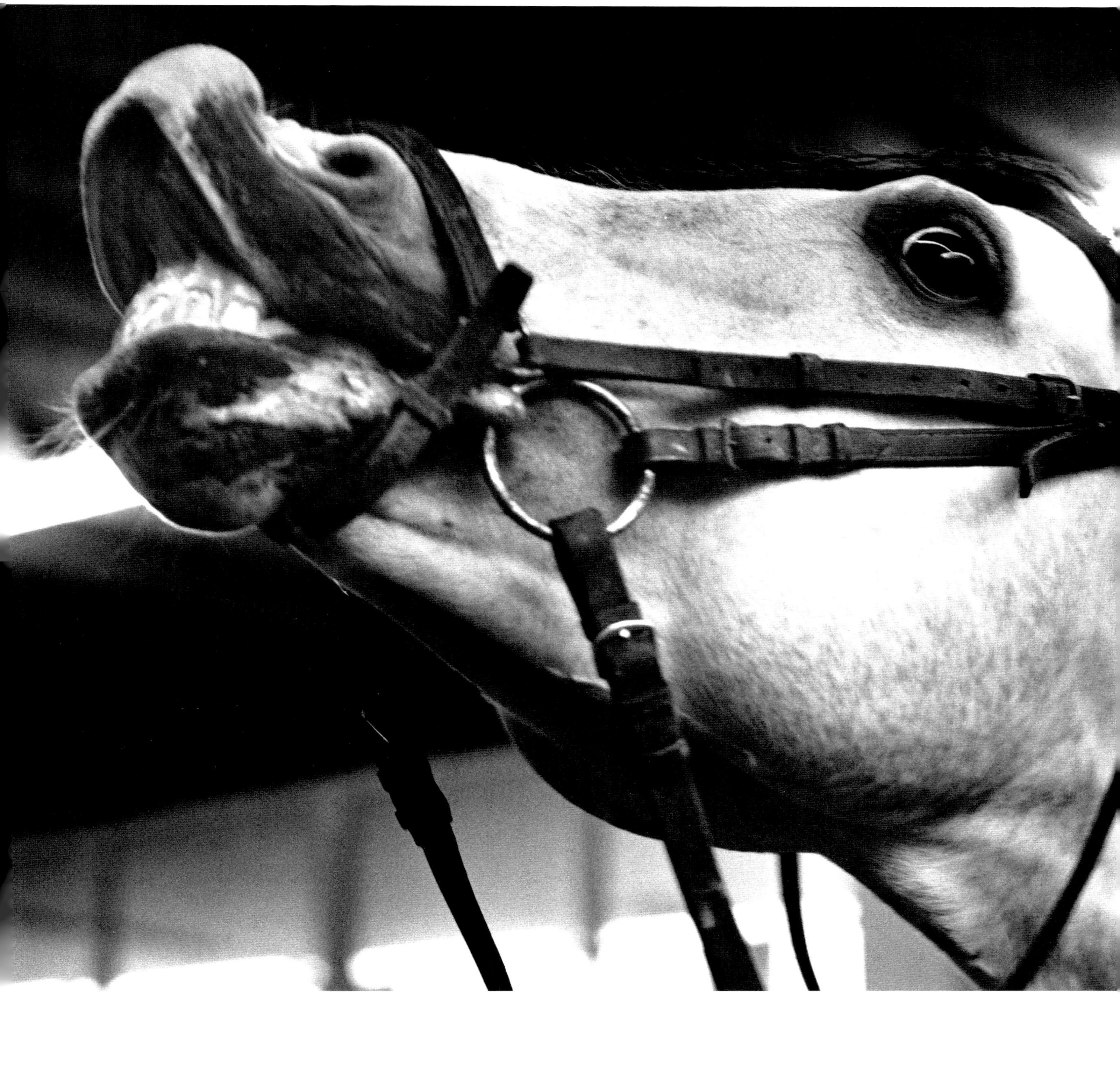

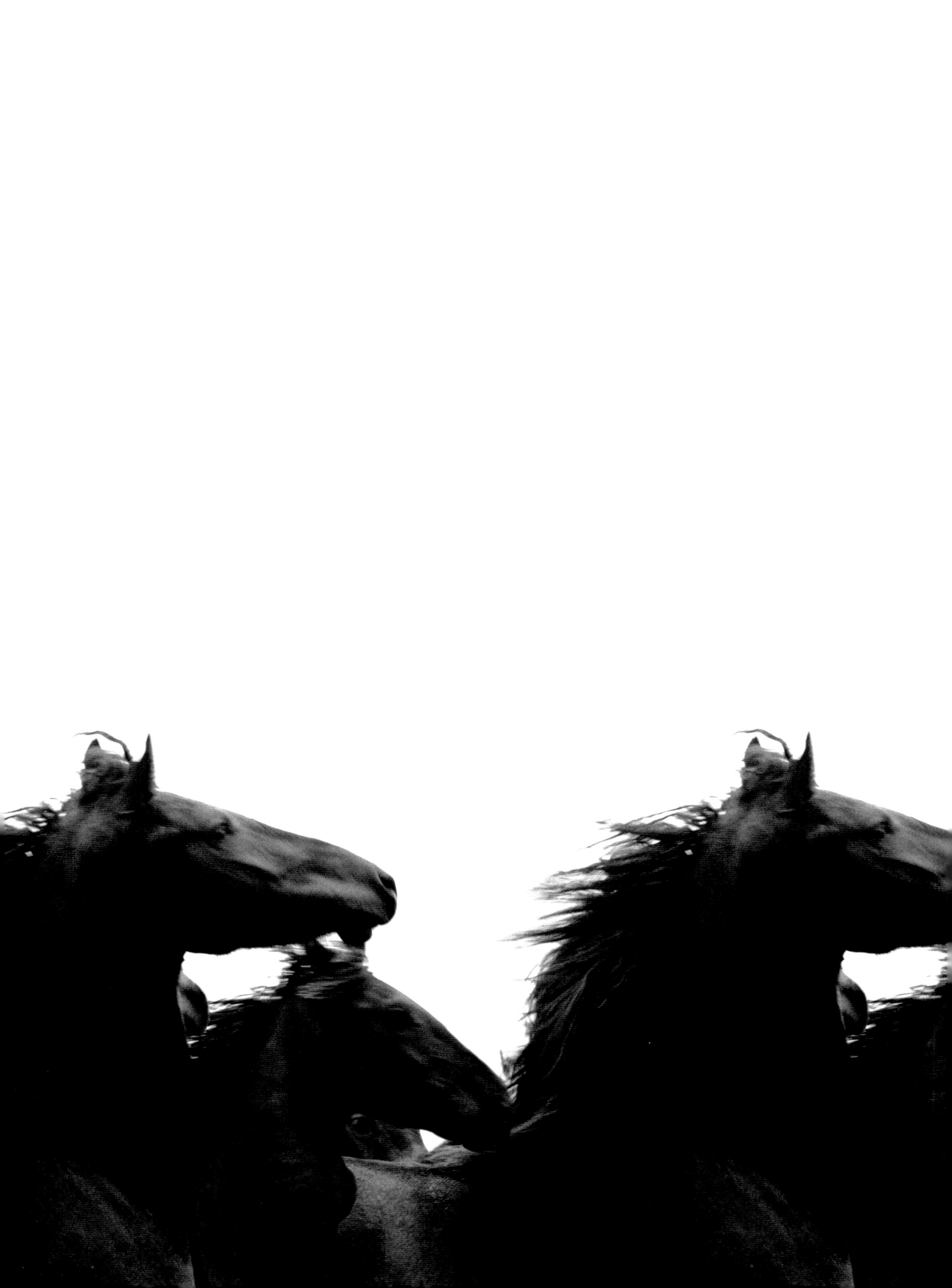

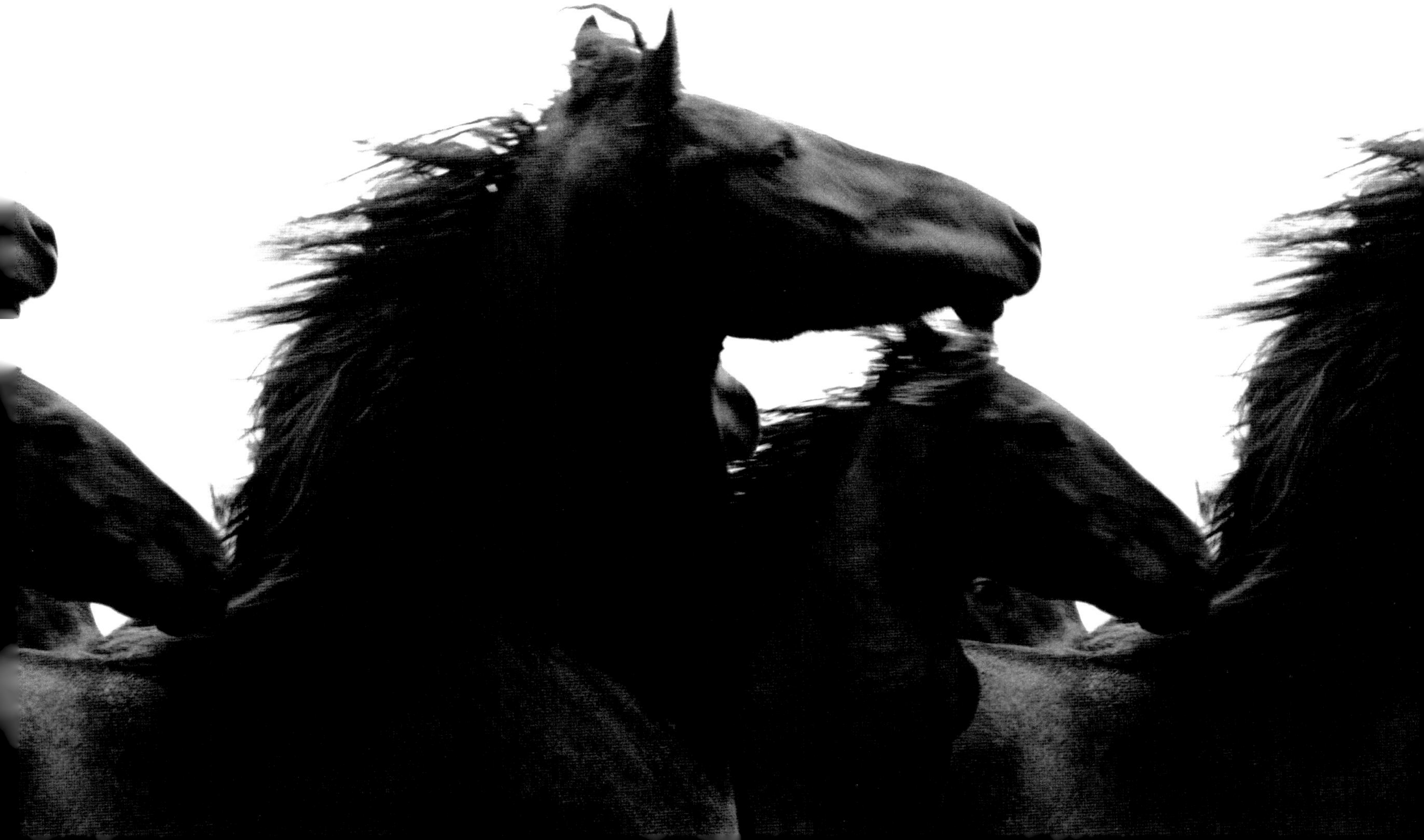

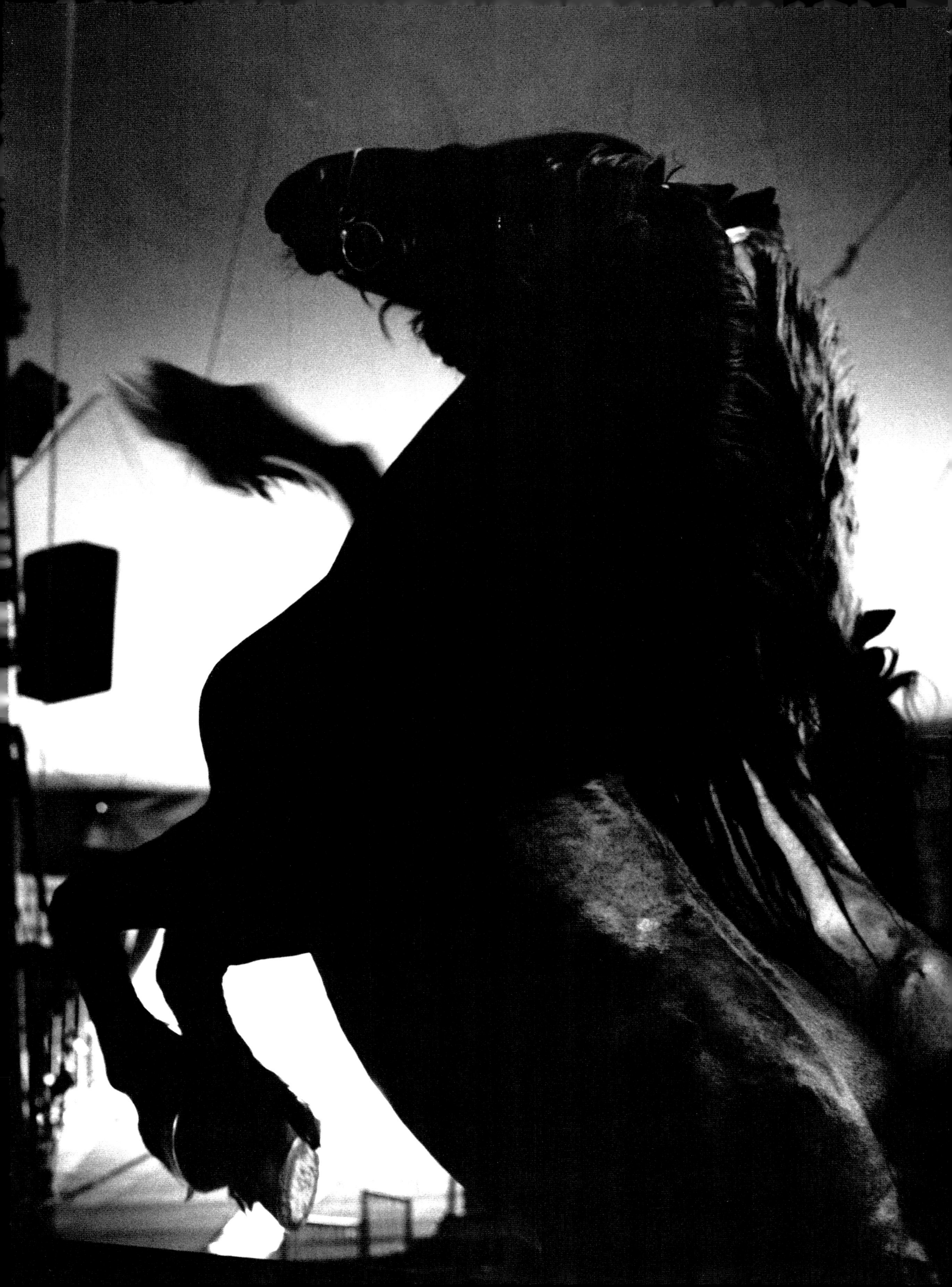

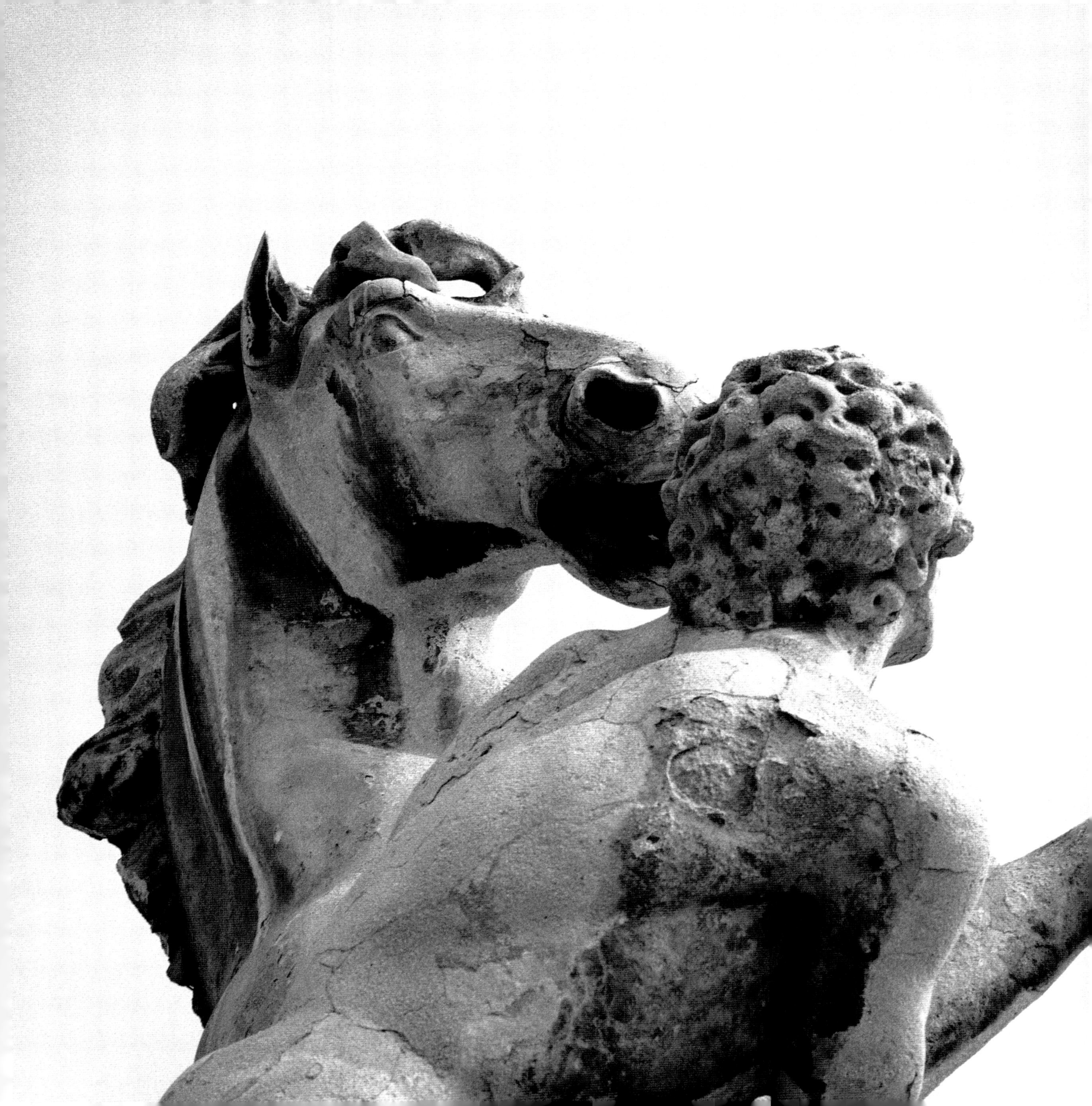

Staunend sahen wir das große Pferd

Staunend sahen wir das große Pferd. Es durchbrach das Dach uns'rer Stube. Der bewölkte Himmel zog sich schwach entlang des gewaltigen Umrisses, und rauschend flog die Mähne im Wind.

FRANZ KAFKA

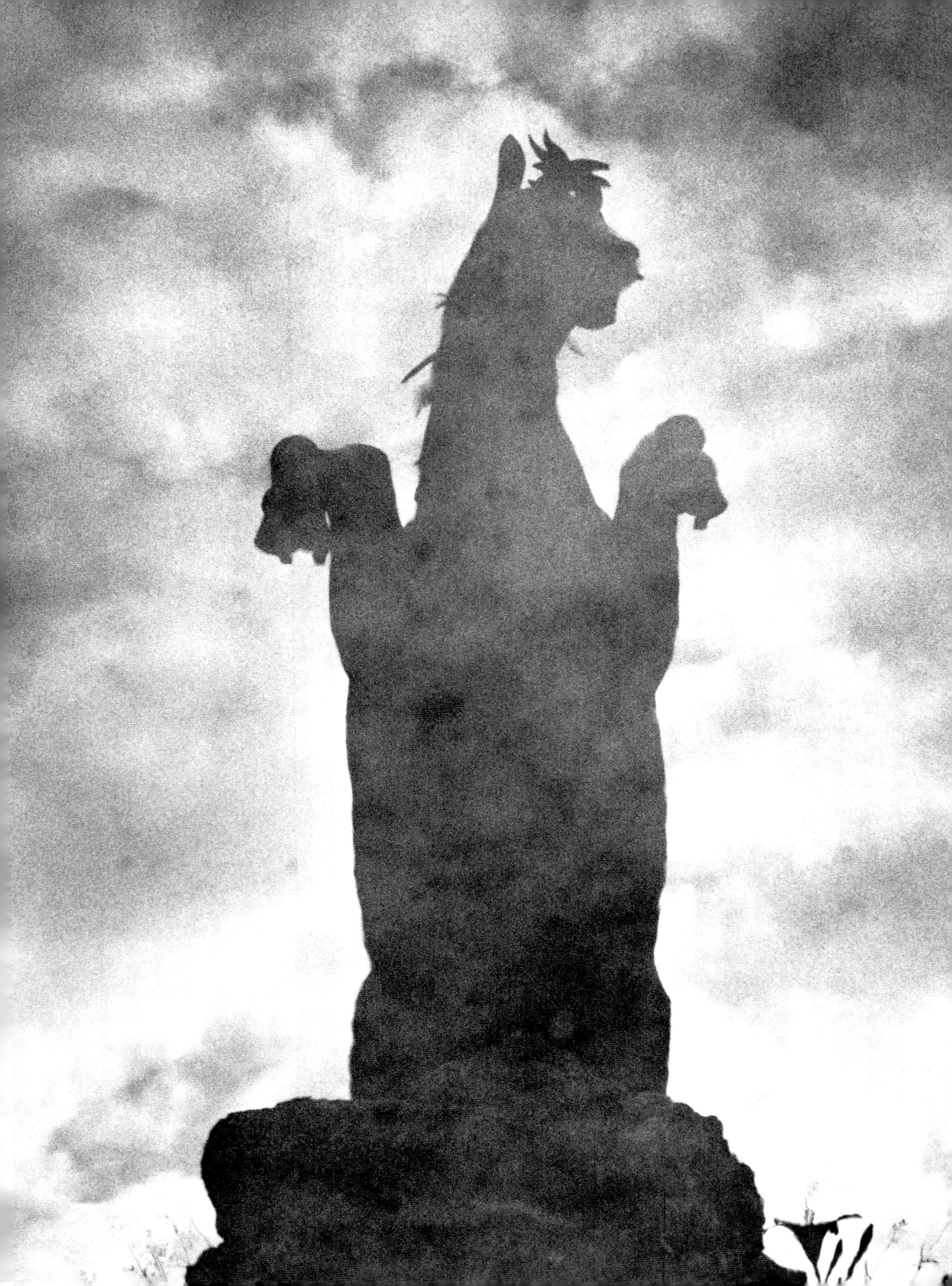

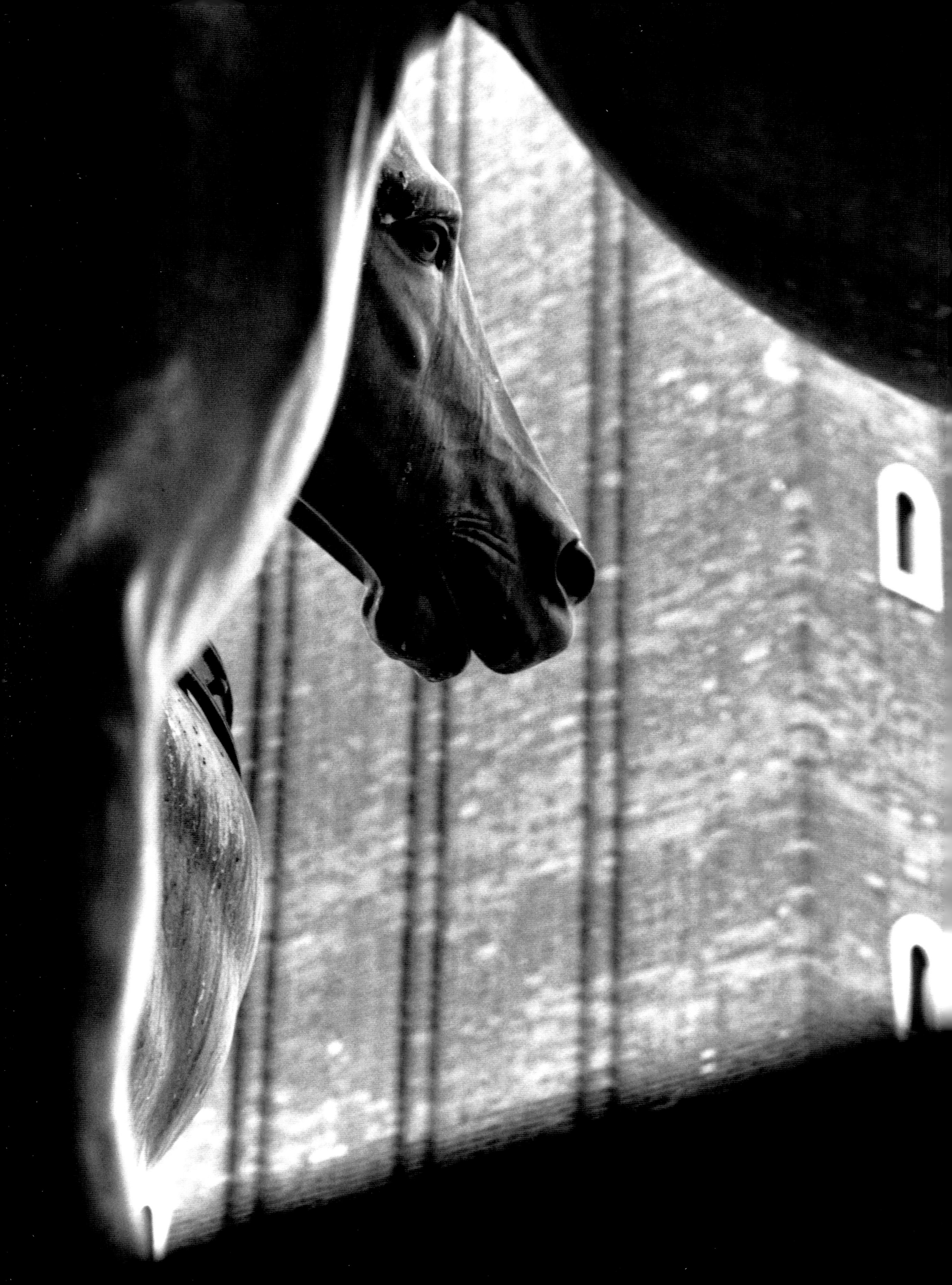

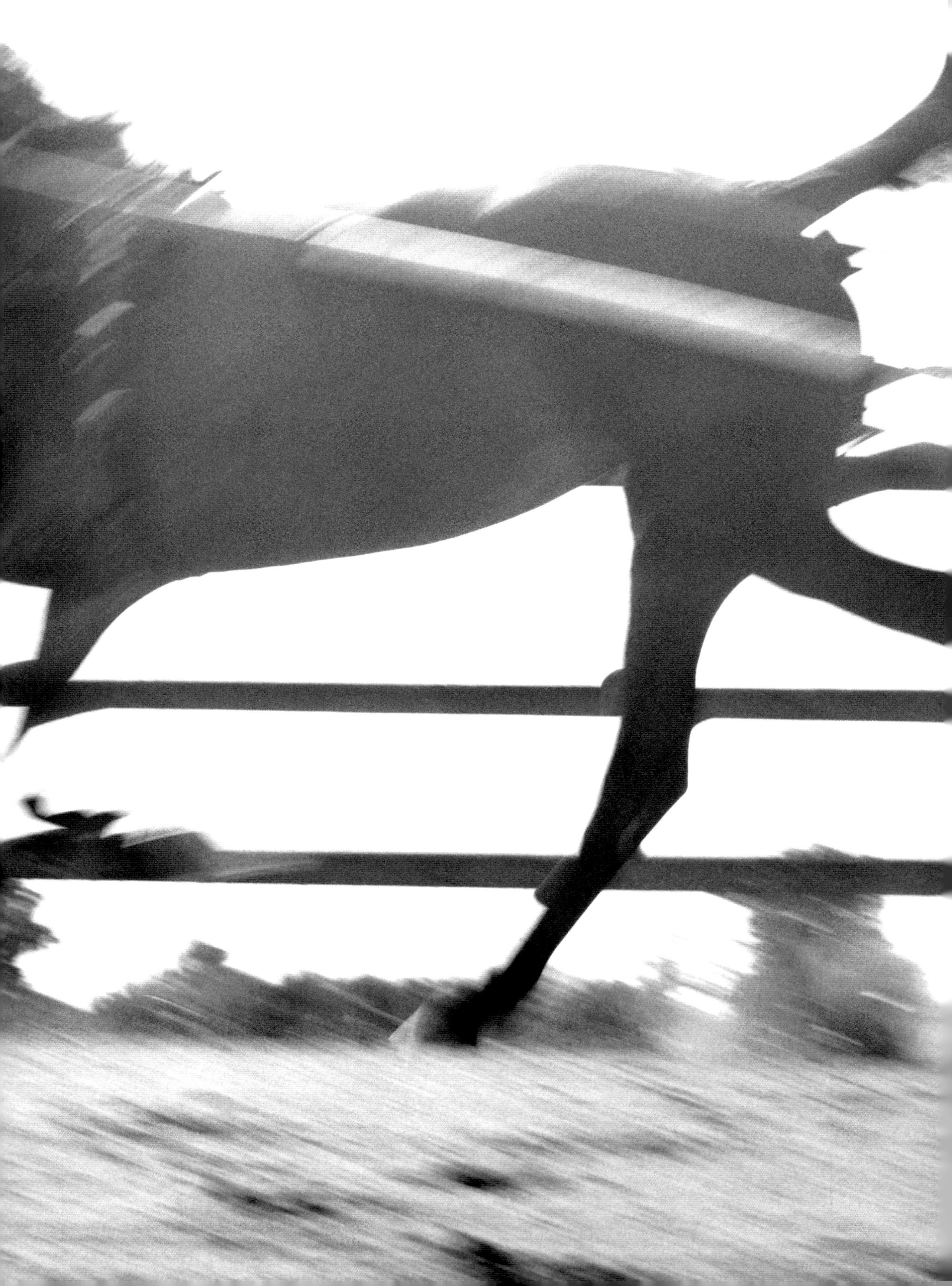

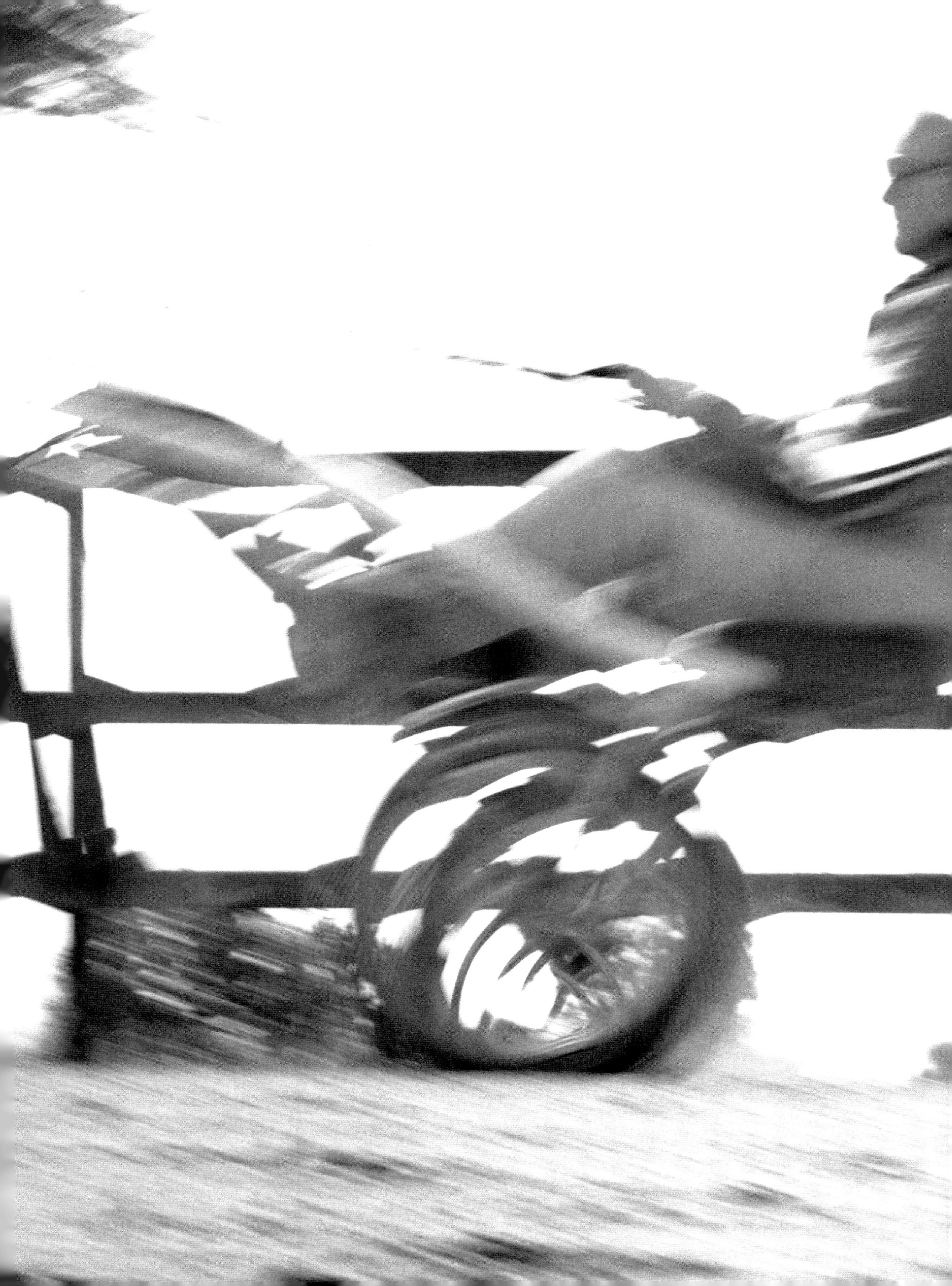

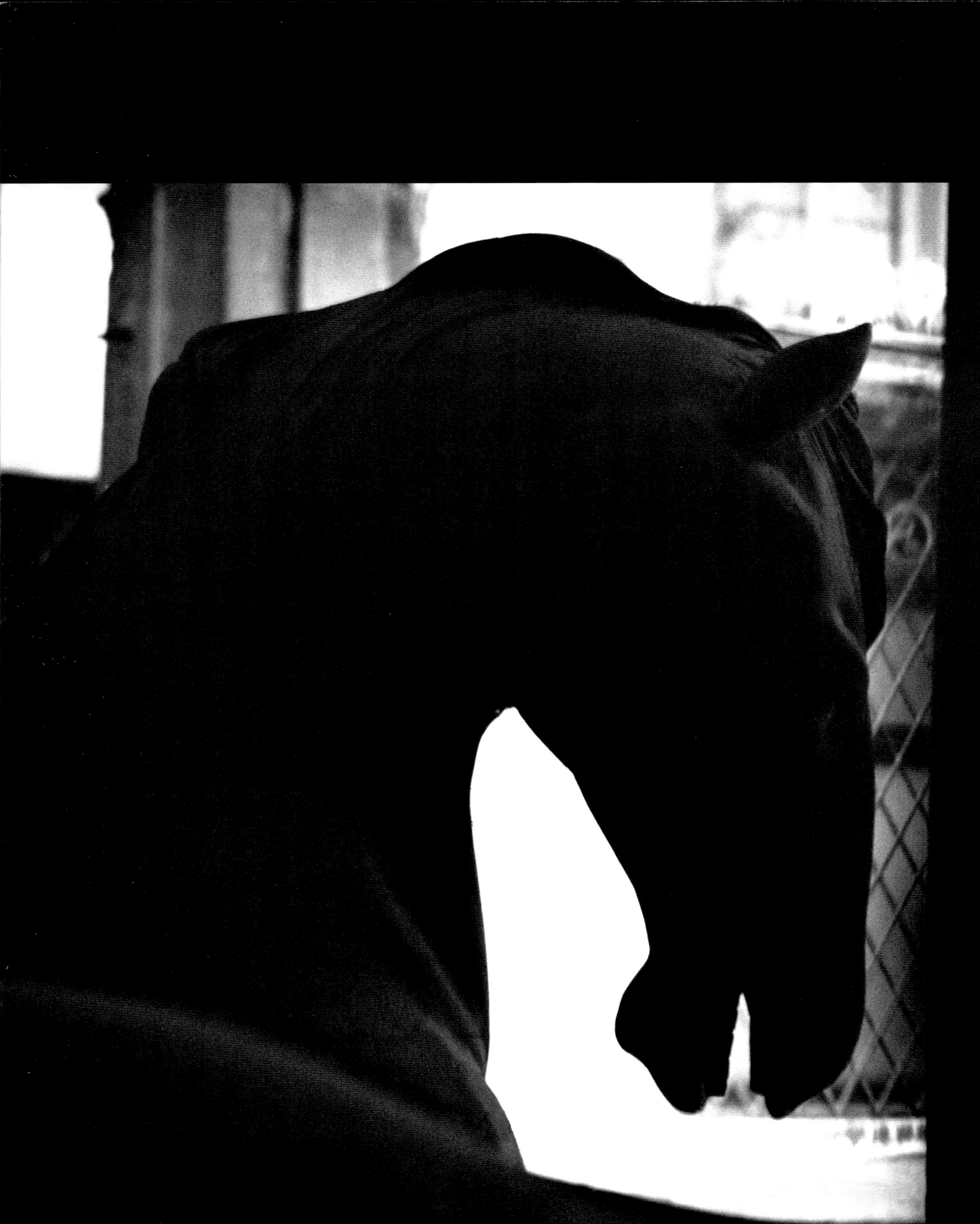

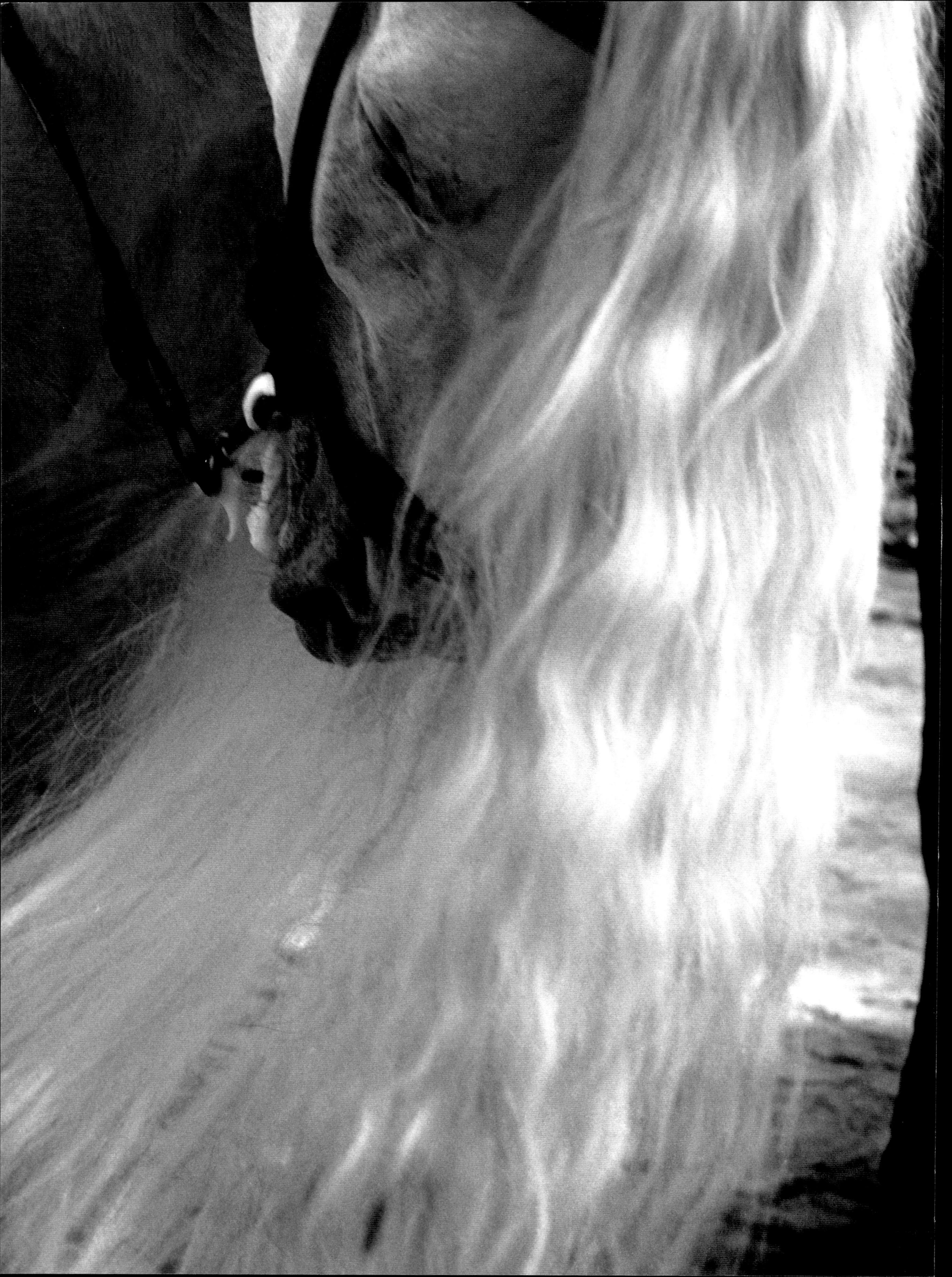

Noch ist das Schicksal nicht völlig verkündet: da seufzt sie aus tiefster
Brust, es rinnen die Tränen hernieder, den Augen entquollen,
Und da ruft sie: »Es kommt mir das Schicksal zuvor: es verwehrt mir,
Weiterzusprechen; ich spüre, wie sich mir die Stimme verriegelt.
Ach! Ich schätze die Kunst, die den Zorn der Gottheit erregte,
So hoch nicht! Oh, wäre die Zukunft mir dunkel geblieben!
Schon ist mir's, als würde die Menschengestalt mir genommen.
Schon gelüstet mich Gras als Nahrung, ich möchte auf weitem
Plan galoppieren: der Leib ist vertraut mir, ich werde zur Stute!
Aber warum denn gänzlich? Mein Vater ist doppelgestaltig!«
Während ich solcherlei sagte, verstand man das Ende der Klage
Schon zu wenig: es waren die Worte in Wirrnis geraten.
Bald sind's nicht mehr Worte und noch nicht Töne der Stute,
Aber dem ähnlich; es währt nicht lange, so lässt sie ein deutlich
Wiehern vernehmen und senkt ihre Arme hinunter zum Grase.
Alsdann wachsen die Finger zusammen, und feste Verhornung
Einigt ihr alle fünf Nägel zu zierlichen Hufen; es dehnt sich
Hals und Gesicht; der größte Teil des langen Gewandes
Wird zum Schweif; die Haare, die locker am Nacken sich schmiegten,
Werden zur rechts anliegenden Mähne; zugleich sind verändert
Stimme sowohl wie Gestalt; auch gibt ihr die Wandlung den Namen.
Tränen vergoss der Heros, der Philyra Sohn, und vergeblich
Bat er dich, Delphier um Hilfe.

OVID

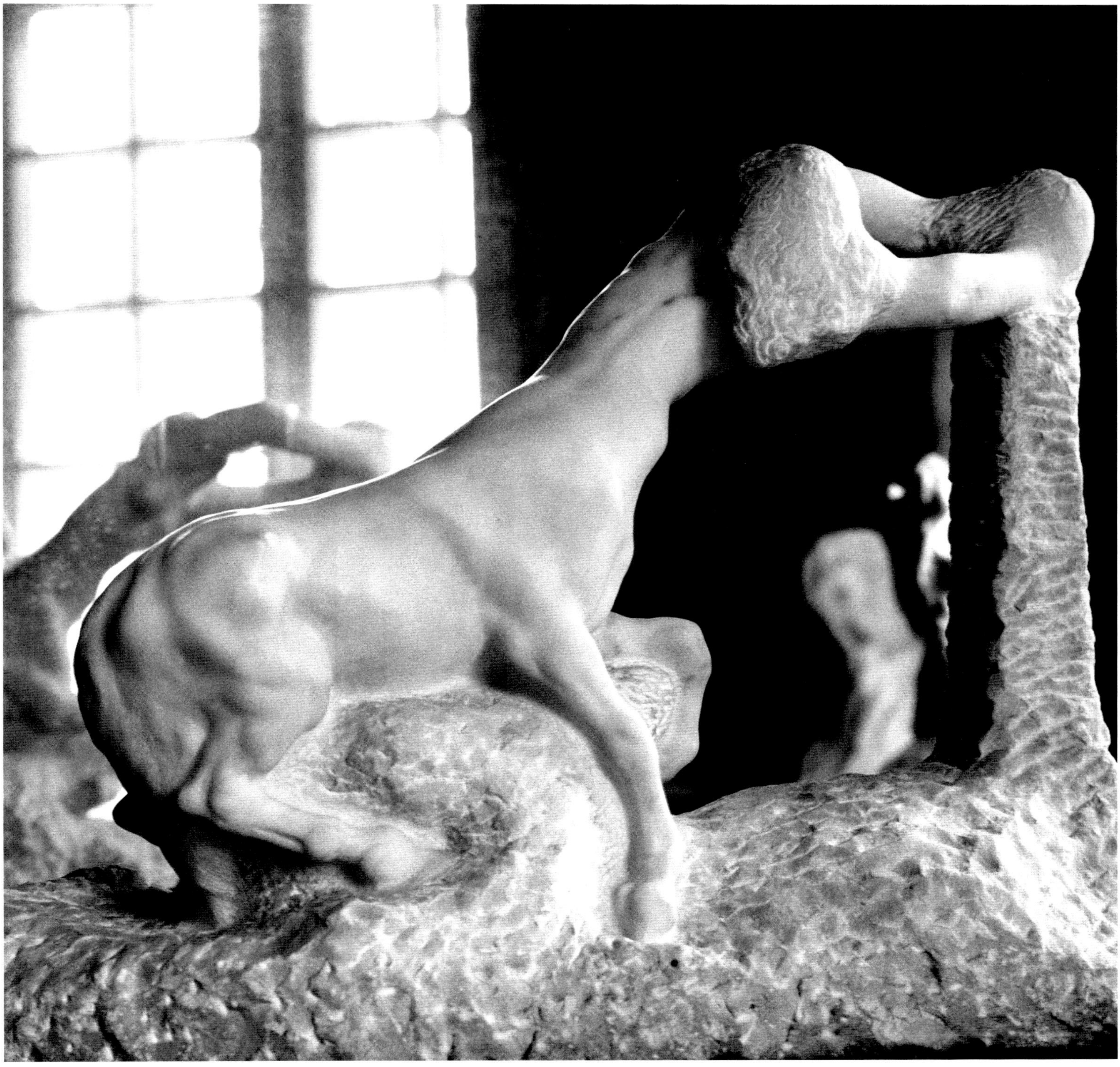

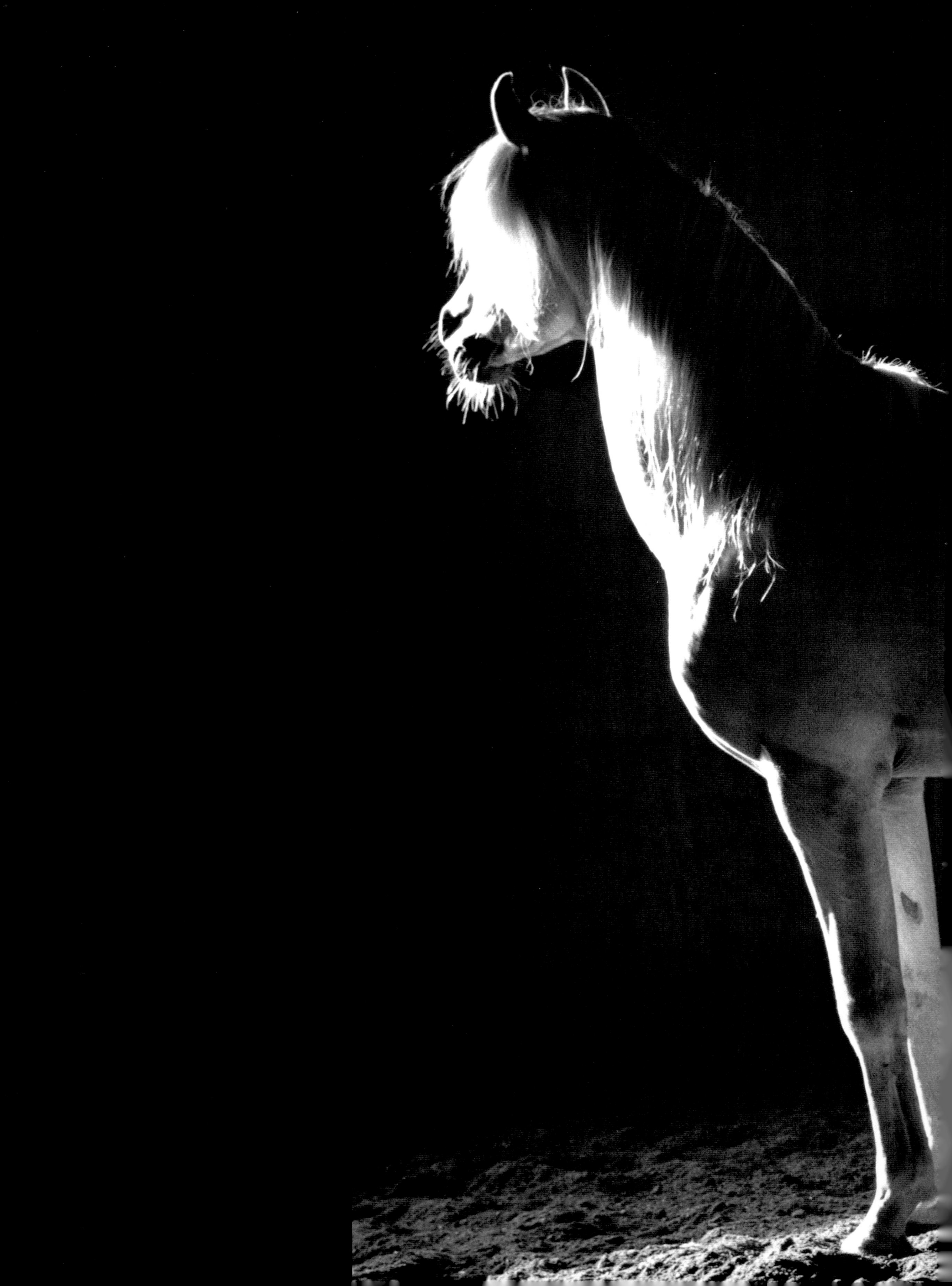

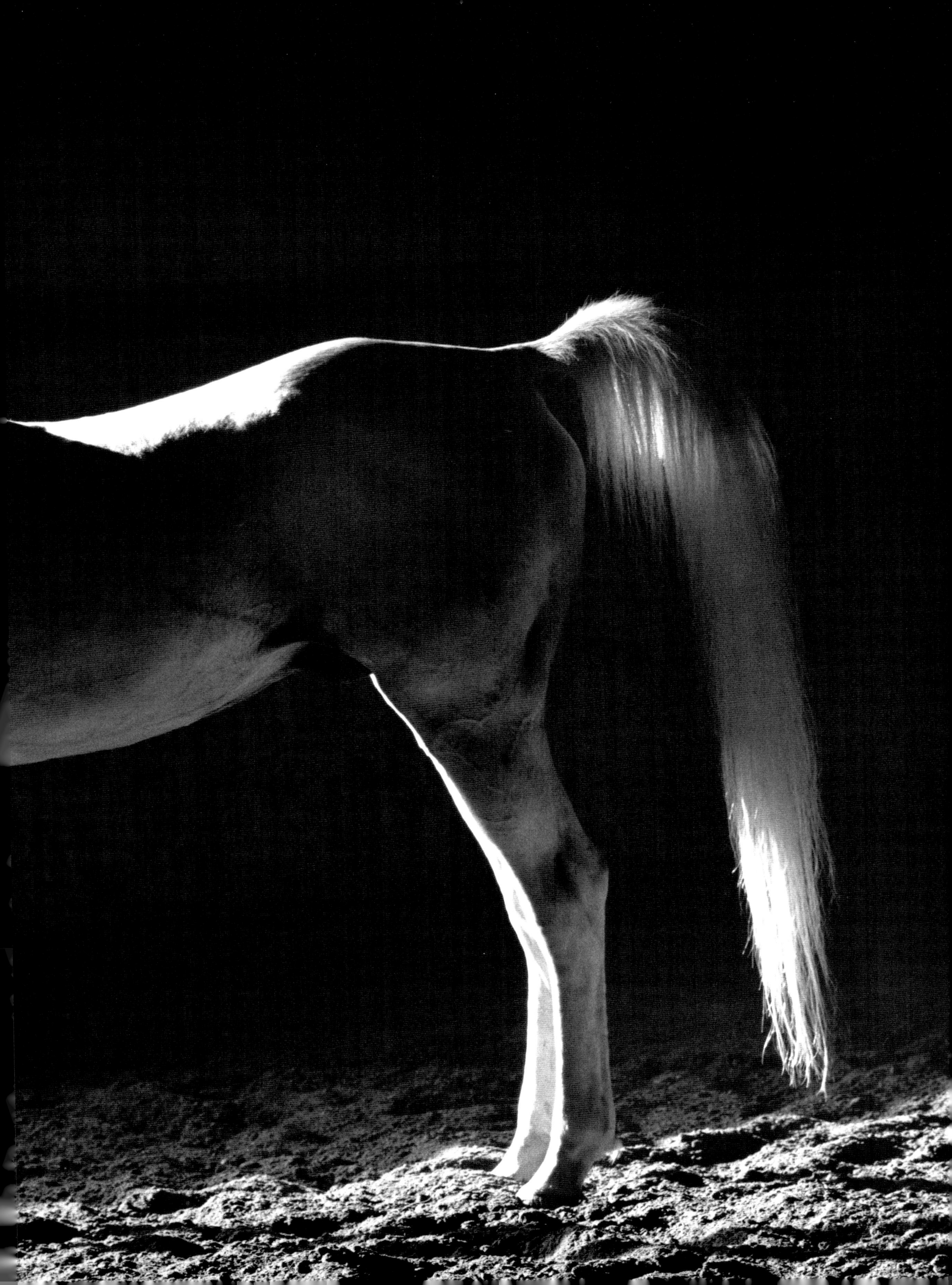

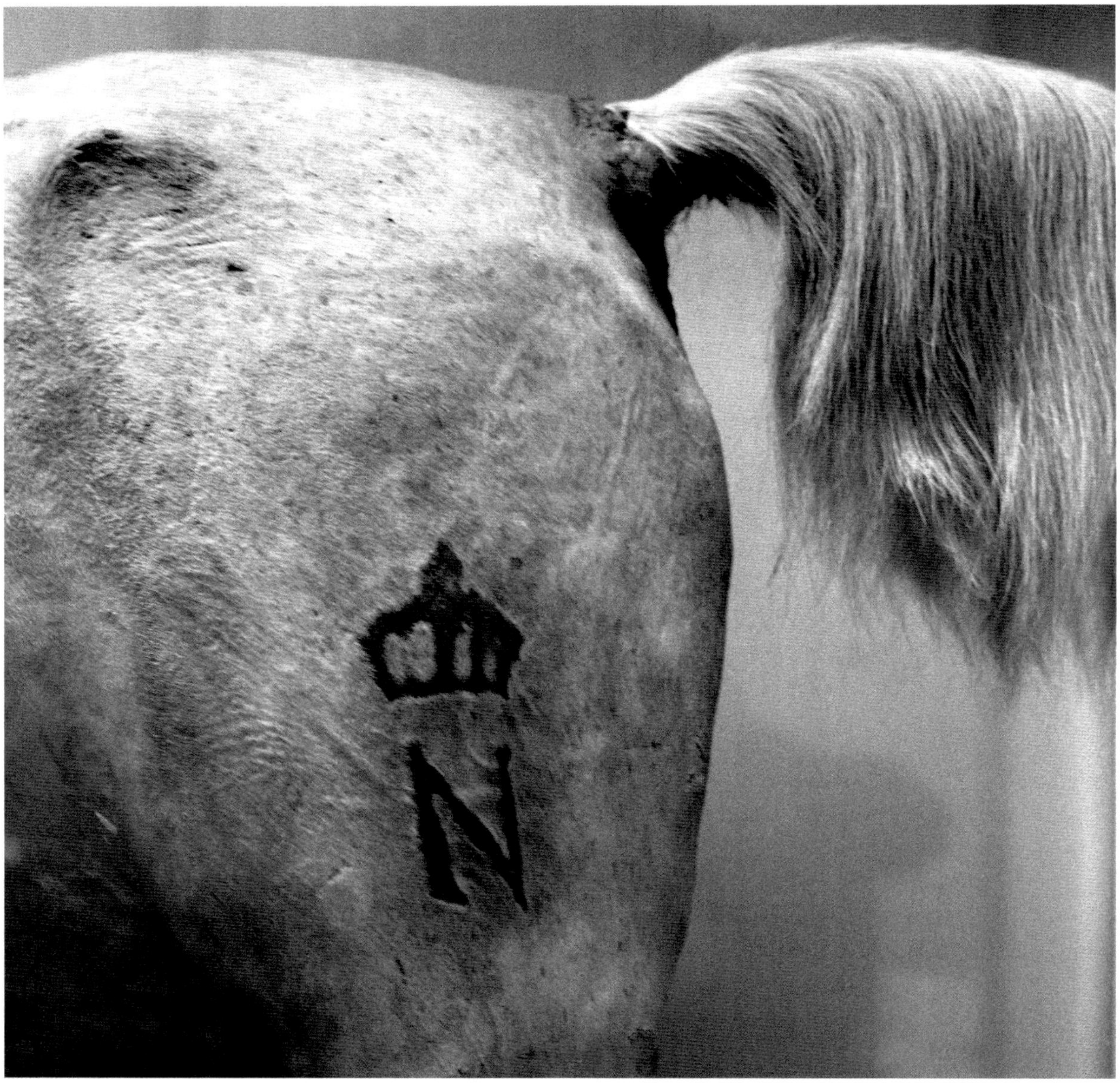

EQVES DOMINICVS
FONTANA ARCHITECT
INSTAVRABAT

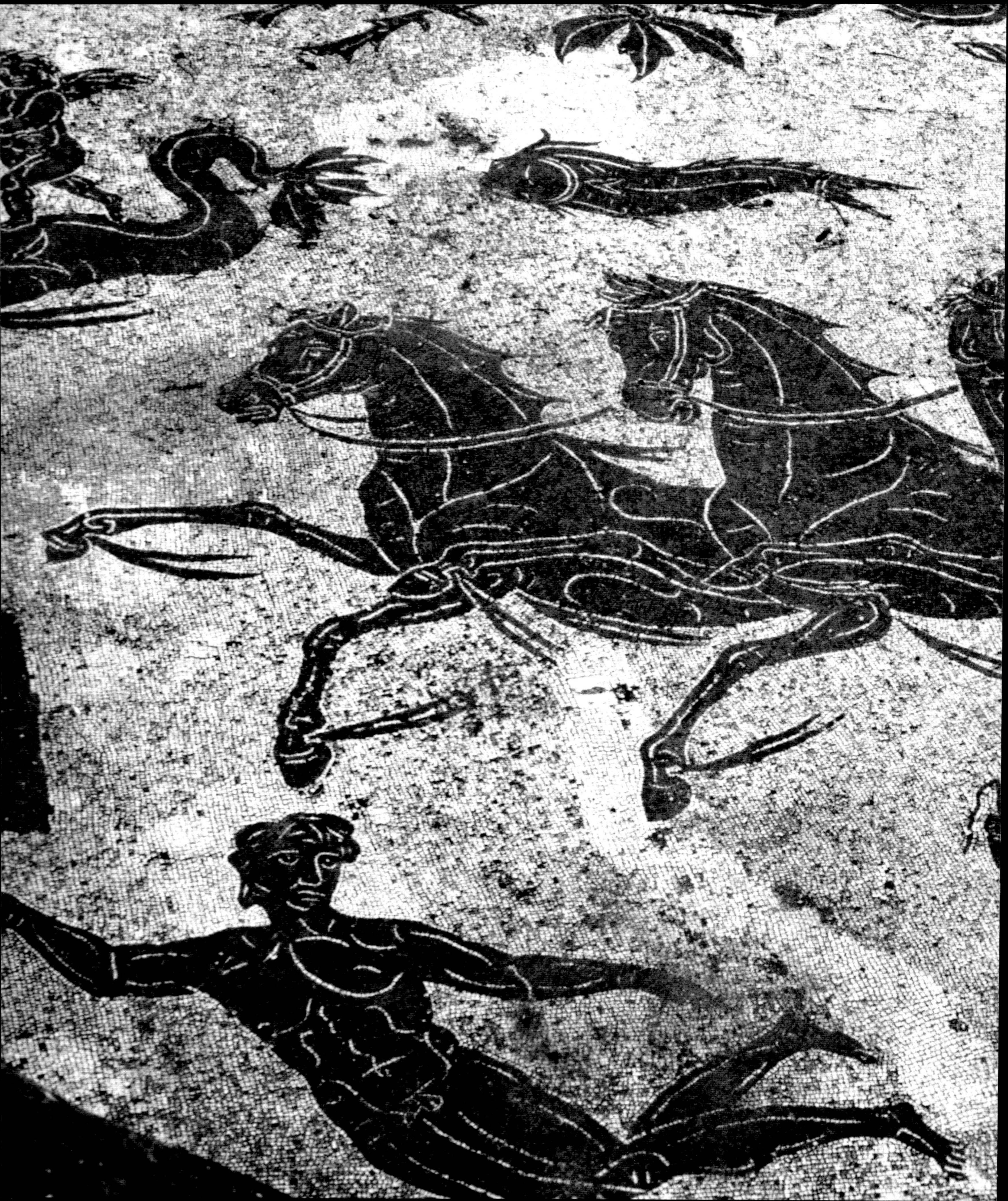

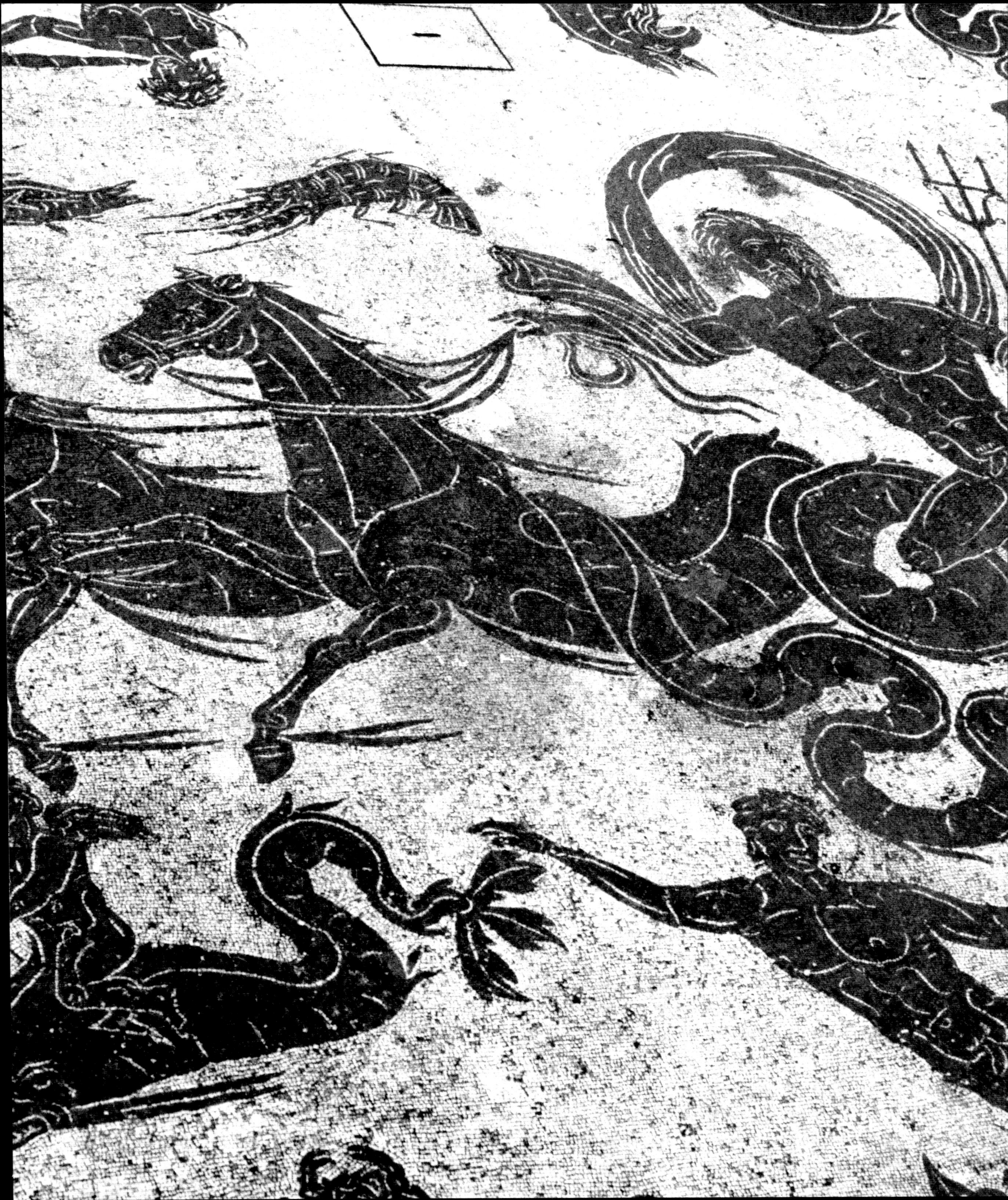

Das Reiterstandbild

Erstarrt ist die lebendige Kraft,
erstarrt die lebendige Kühnheit des Volkes,
erstarrt die Attacke;
das gleißende Wogen, das durch die Muskeln lief,
das Glitzern des rinnenden Schweißes,
die Schreie, das Stahlgeklirr, sie sind erstarrt,
erstarrt unter der sengenden Mittagssonne,
erstarrt die Gebärde, der Zorn, der Mut,
erstarrt die Liebe. Nichts, nichts ist wirklich da.
Aber auch die Erstarrung altert.

Wie das Reiterstandbild Risse bekommt,
altert die Erstarrung und wird sanft wie ein Kind,
beginnt wieder sich zu bewegen,
auf den fest geschlossenen Lippen erscheint ein Lächeln,
im Leib, diesem lebendigen Leib
drängt ein Jauchzen herauf,
sie versucht zu reden,
das Pferd zu wiehern,
es hebt die Hufe,
die Mähne fliegt.

Oder macht das die Sonne?
Die immer wildere Sonne?
Macht das der Wind,
der laue Wind des April,
und wäre es Augentäuschung gewesen?

KIM CHI-HA

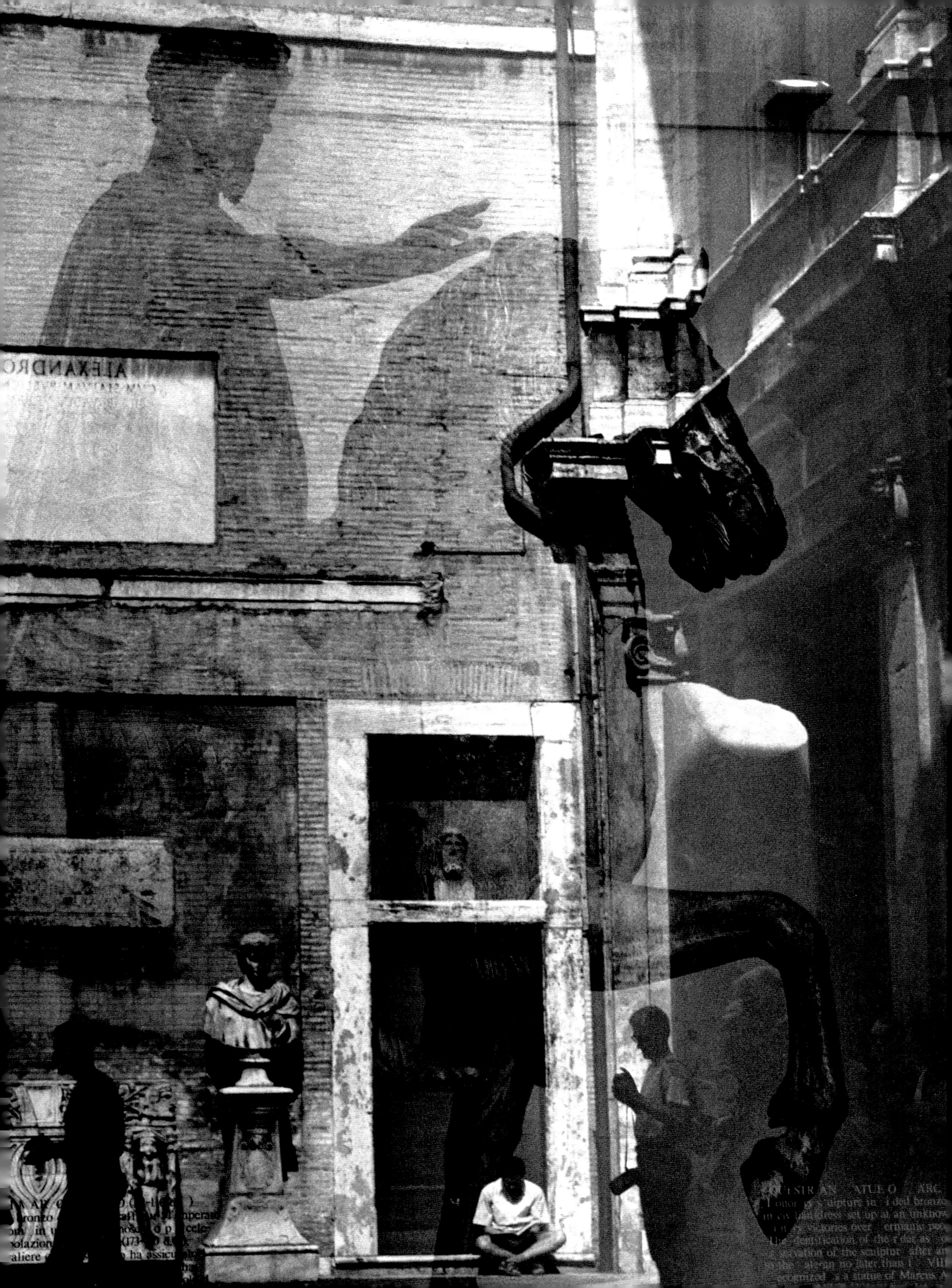
ALEXANDRO

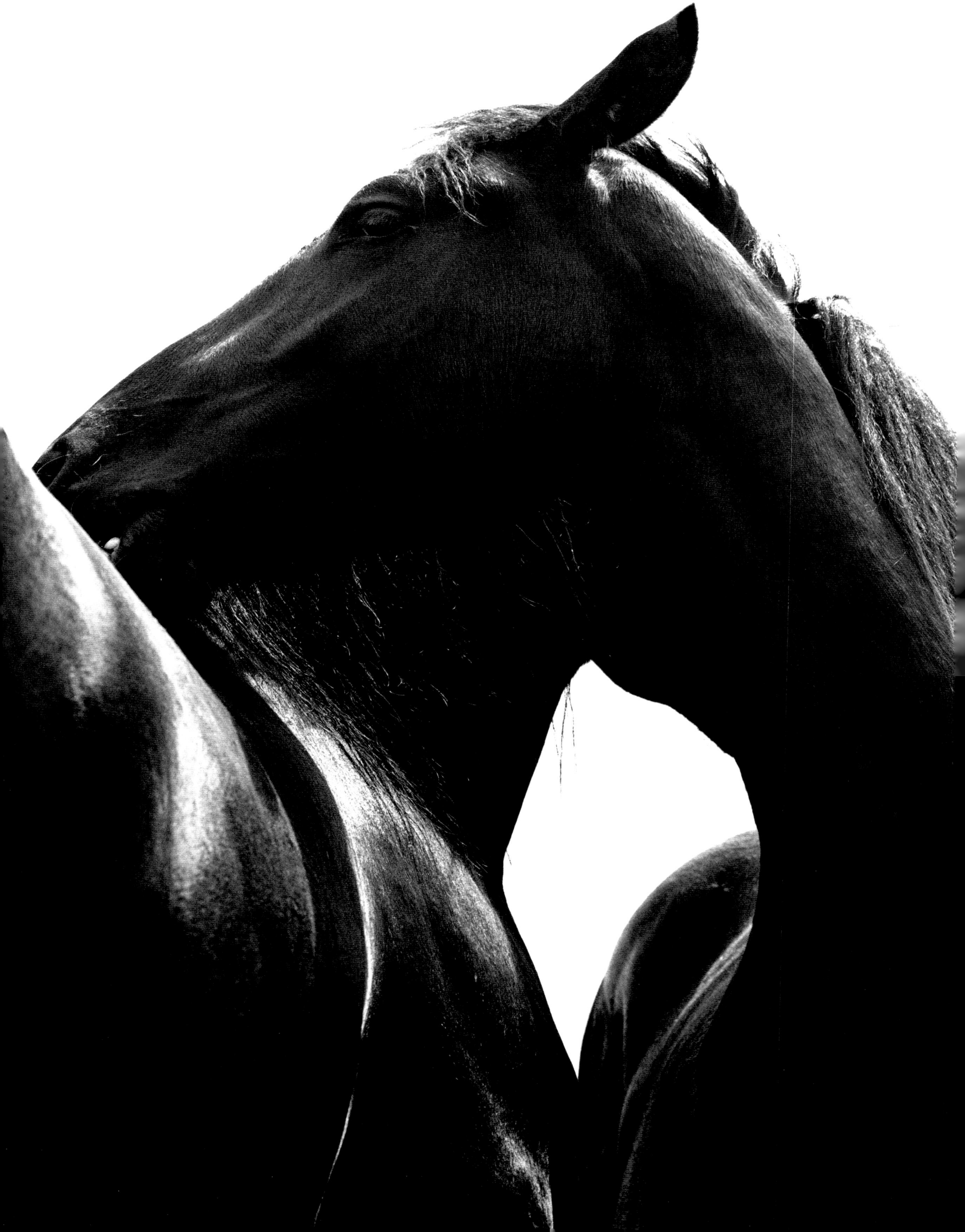

So stürzt jedes Erdengeschöpf, Mensch oder Tier,
die Bewohner des Meeres, das Vieh und die
bunten Vögel in Wut und Glut; gleich ist bei
allen die Liebe. …
Wehe dem, der nun auf Libyens einsamen
Fluren schweift! Siehst du nicht, wie ein Schauer
den ganzen Leib der Pferde überläuft, sobald
nur der Geruch die bekannte Witterung herführt?
Und nicht mehr halten sie die Zügel der Männer
zurück oder wütende Hiebe, weder Fels noch hohles Geklüft.
Besonders auffällig ist ja das brünstige Rasen
der Stuten, und Venus selbst gab ihnen damals die Glut ein. …
Sobald die Flamme ins gierige Mark dringt (meist
im Frühling, denn im Frühjahr kehrt Wärme in
die Glieder zurück), stehen sie alle auf hohen Felsen,
die Nüstern zum Zephyr gekehrt, und empfangen
die leichten Winde, und oft werden sie (ein Wunder)
ohne Begattung vom Windhauch trächtig und
jagen hin durch Felsen, Klippen und tiefe Täler. …

VERGIL

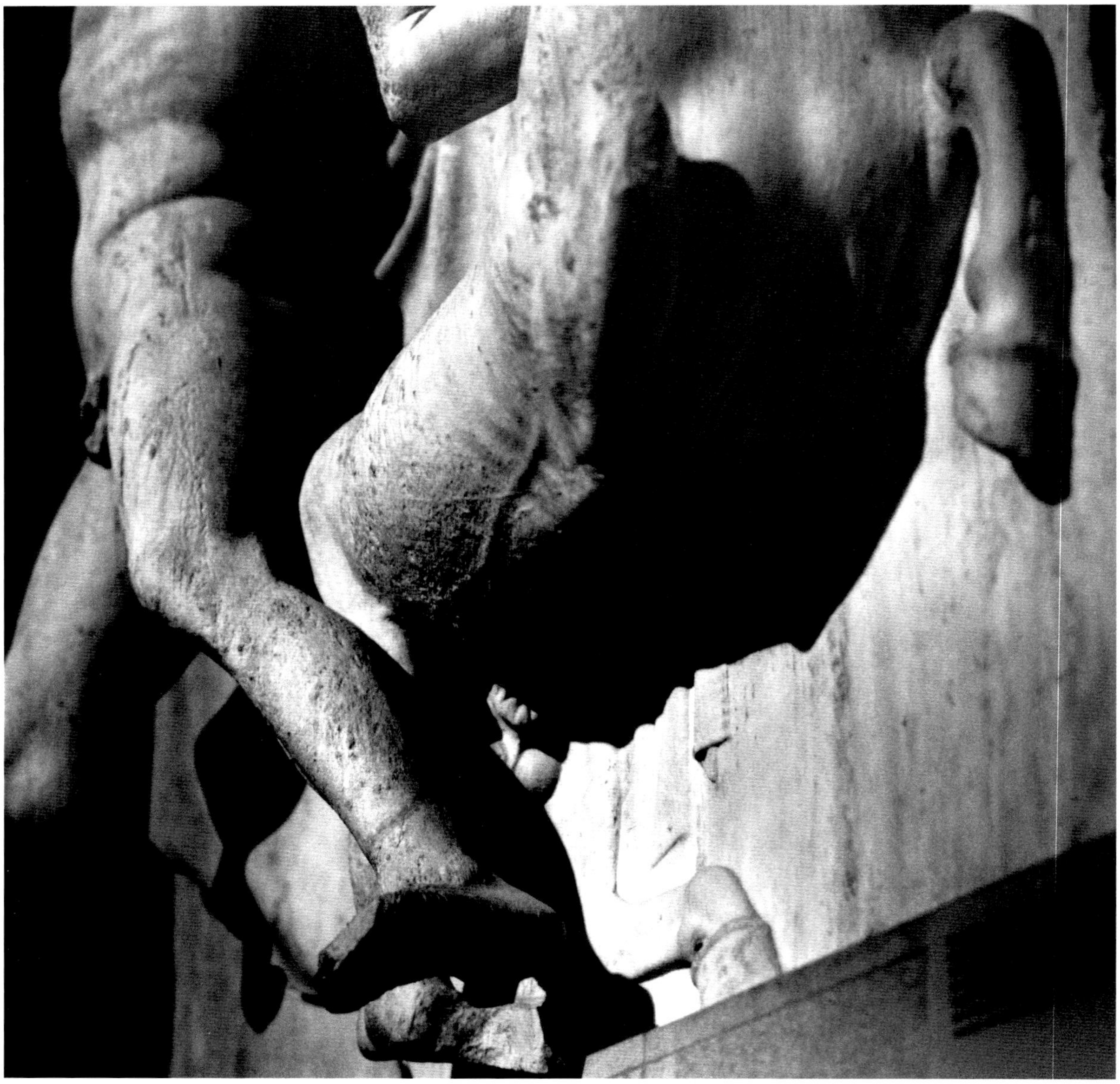

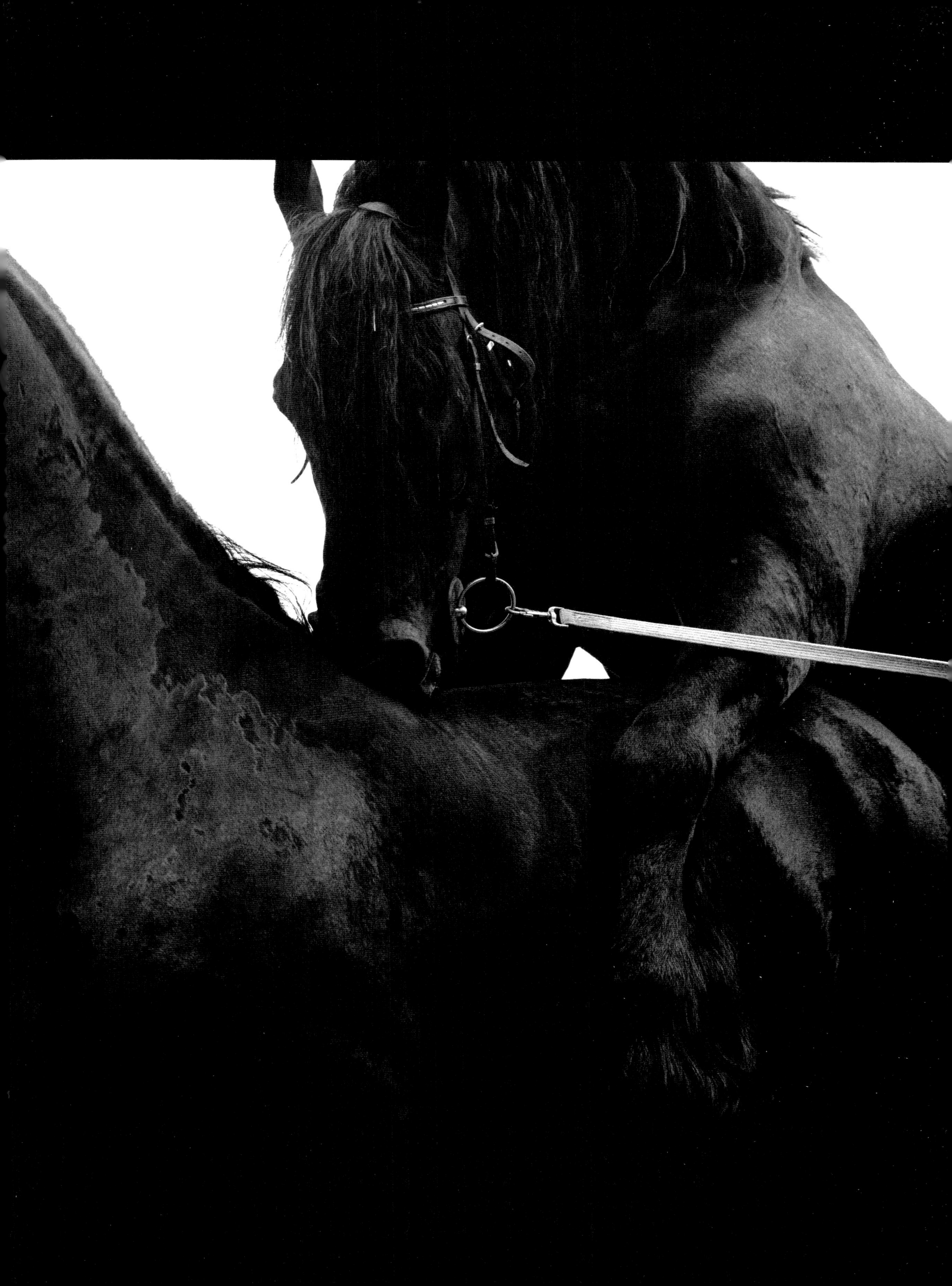

97

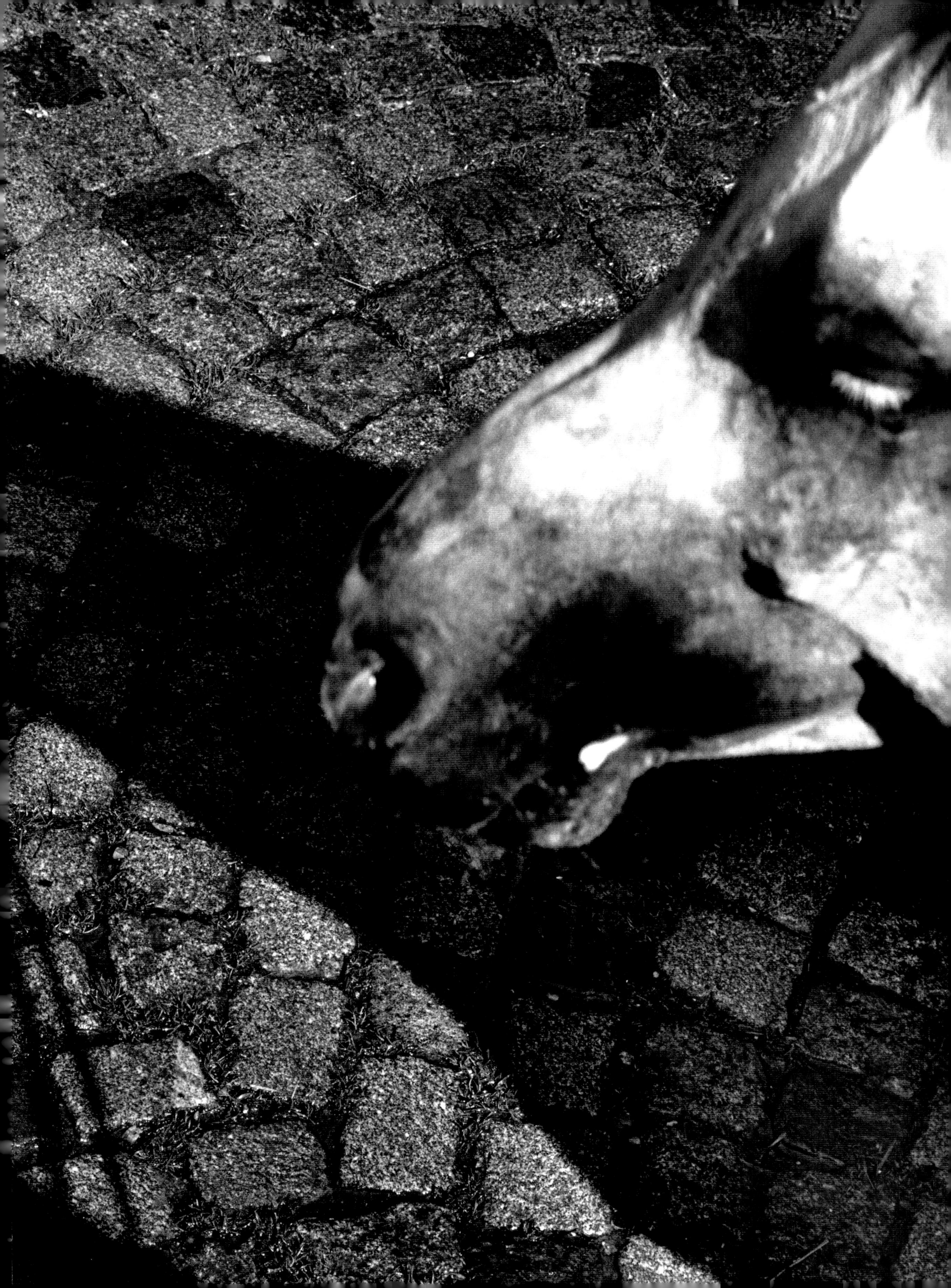

Da fahren denn die Gespanne der Götter, wohlgezügelt,
leicht im Gleichgewicht dahin, die andern aber nur mit Not,
denn das Ross der Schlechtigkeit drängt zur Erde und lastet mit seiner
Schwere, wenn es von seinem Lenker nicht gut erzogen ist.
Das legt der Seele härtestes Ringen und Mühsal auf. Wenn aber die, die
unsterblich heißen, an den Gipfel gelangen, wenden sie nach außen
und halten an auf dem Rücken der Himmelskugel, und während sie stehen,
schwingt sie die Umdrehung im Kreise mit sich: sie aber schauen,
was jenseits des Himmels ist.

PLATON

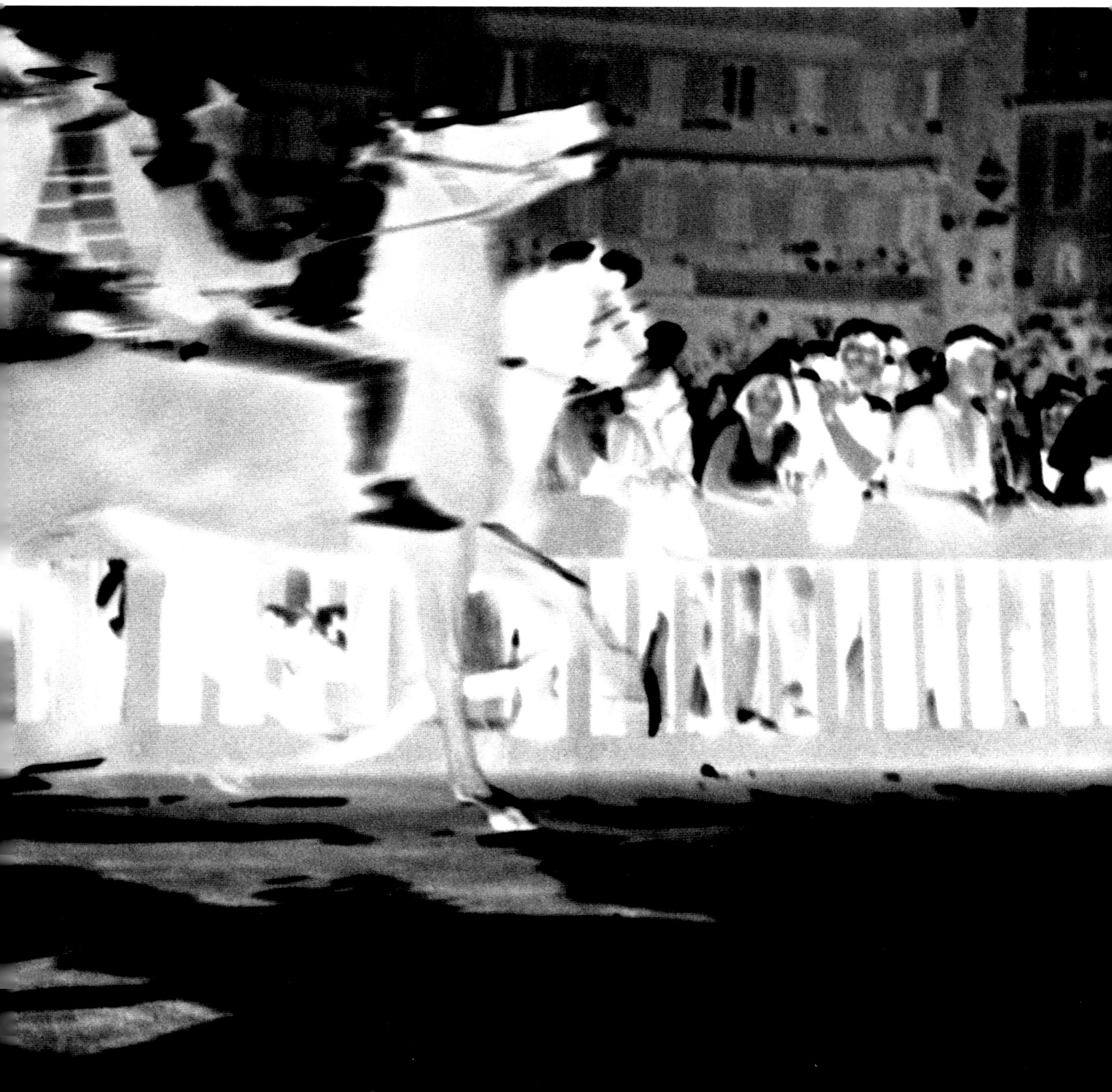

Zur Aufzucht von Pferden bedarf es (gleicher) Auswahl. Wende nur schon von klein an besondere Mühe an die Tiere, die du als Hoffnung der Herde heranziehen willst. Gleich nämlich nach der Geburt schreitet das Füllen eines edlen Tieres stolzer im Feld und setzt zierlich die Beine: ….
Steht dir der Sinn aber mehr nach Krieg und kühnem Reiterkampf oder willst du mit dem Rennwagen am Alpheusfluss bei Pisa fahren und im Jupiterhain den fliegenden Wagen lenken, lerne das Füllen als erstes, Wut und Waffen der Kämpfer zu sehen, den Hörnerschrei zu ertragen, das Ächzen gezogener Räder und im Stall das Geklirr der Zügel zu hören. Auch soll es immer mehr Freude am schmeichelnden Lob des Meisters empfinden und anerkennendes Klatschen am Halse lieben. …
Sind aber drei Sommer vorbei und kommt das Tier in den vierten, soll es bald beginnen, im Kreis zu gehen und die Schritte tönend im Takt zu setzen, soll im Wechsel die Schenkel heben, als ob es schon wirklich Dienst täte; nun soll es im Lauf mit den Lüften wirklich um die Wette rennen, wie frei vom Zügel durch freies Feld fliegen und im Sand nur winzige Spuren zeichnen, wie wenn der Nordwind von Hyperboreischen Gestaden mit aller Kraft hereinbricht.

VERGIL

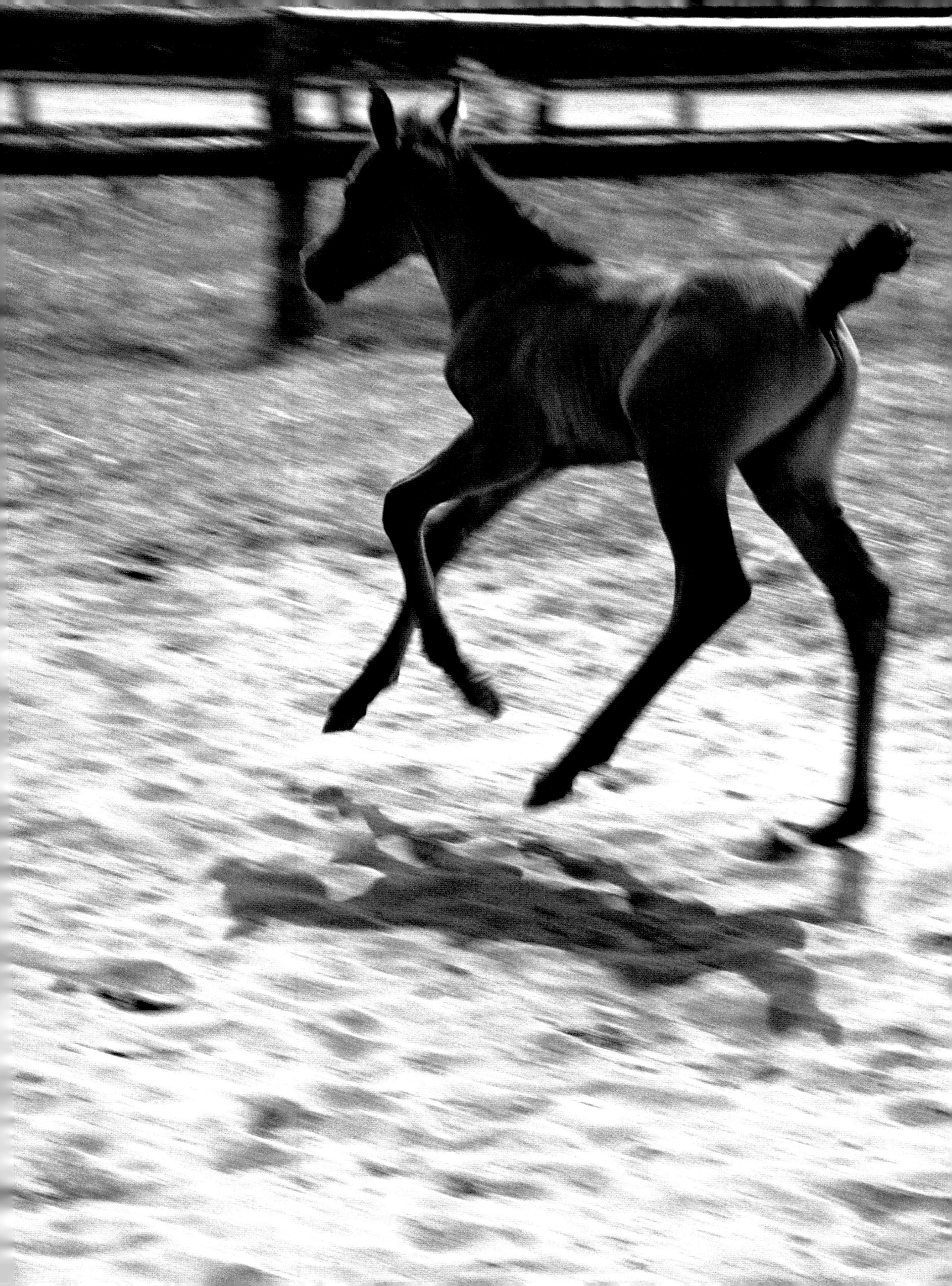

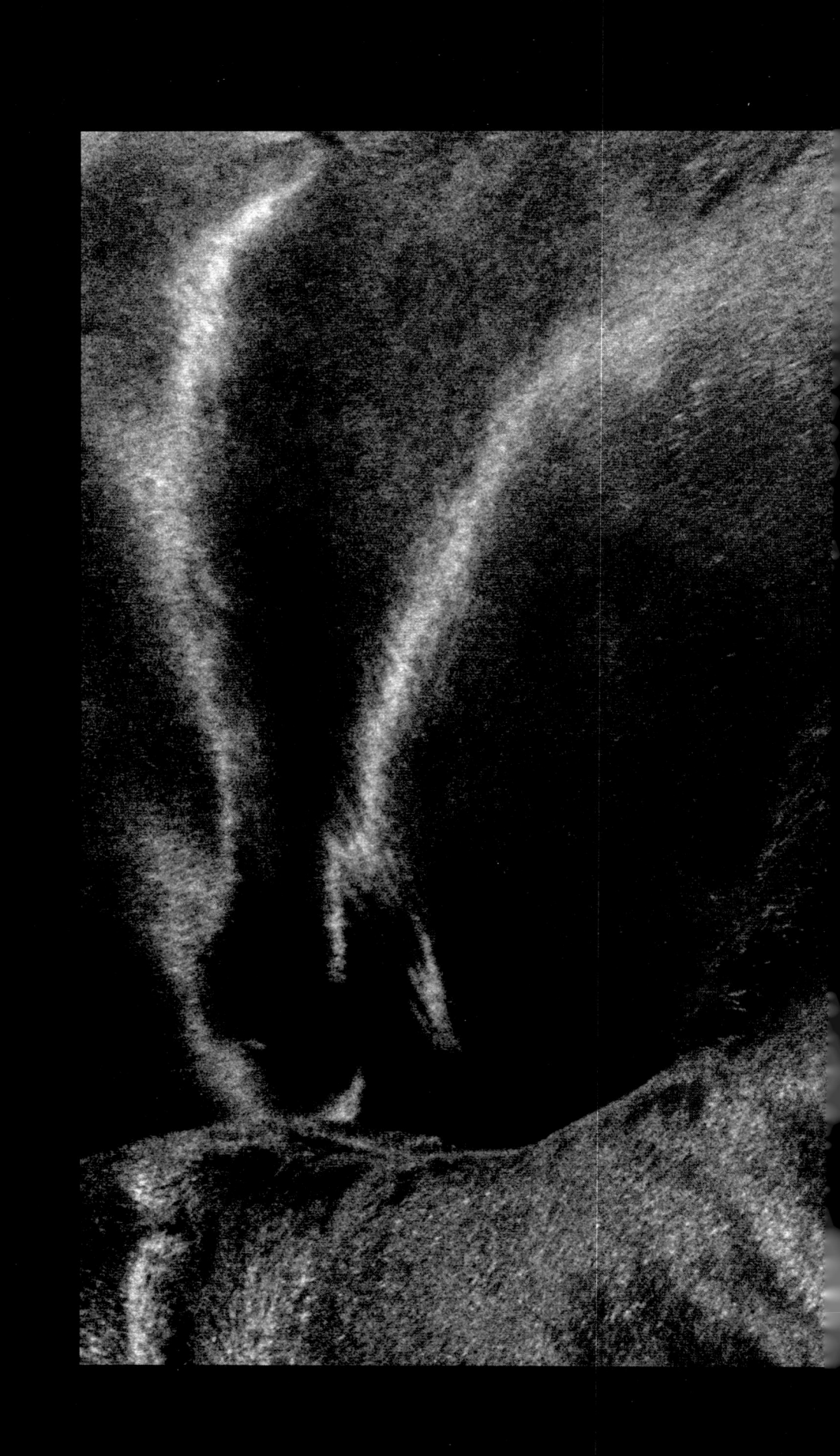

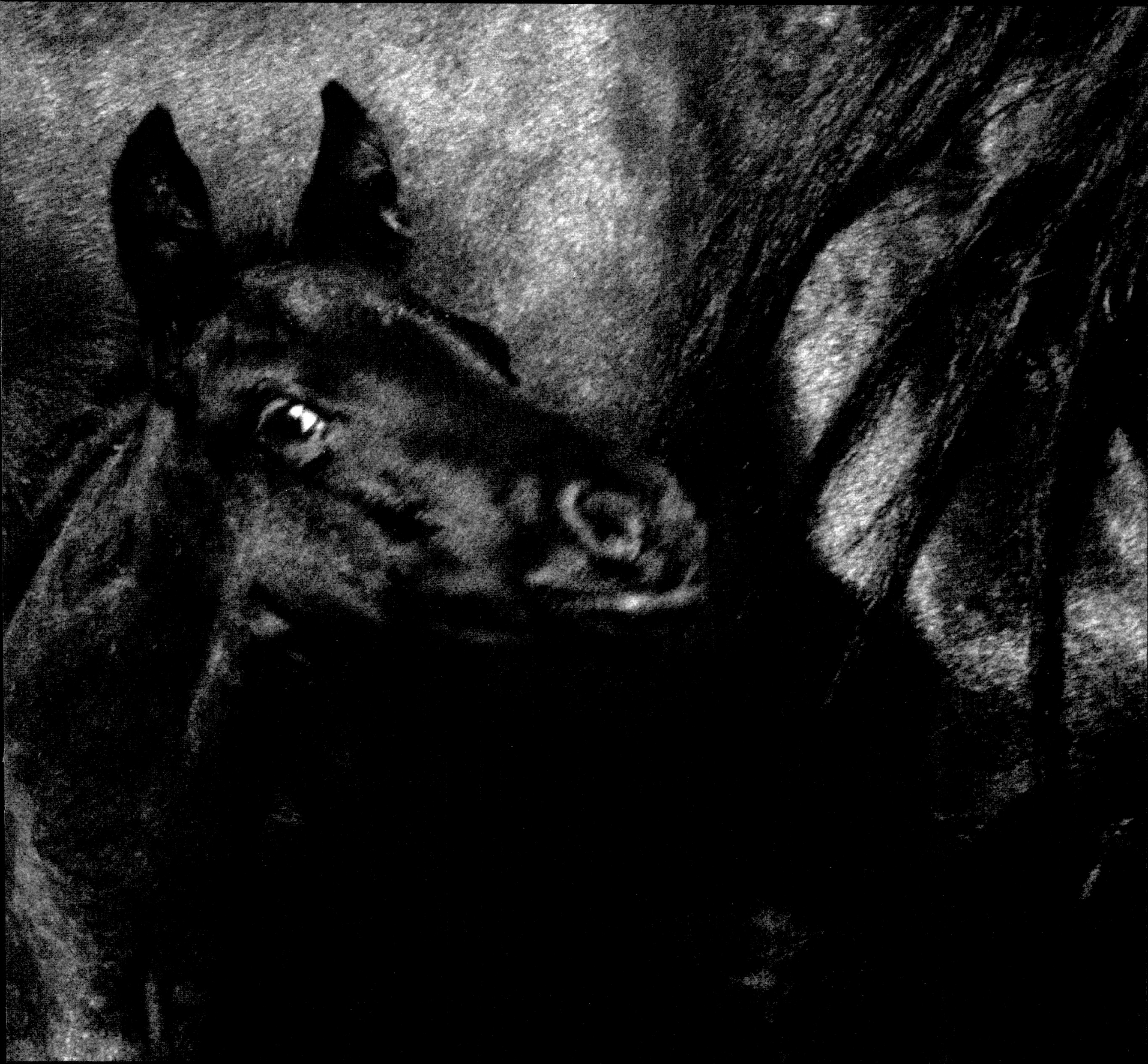

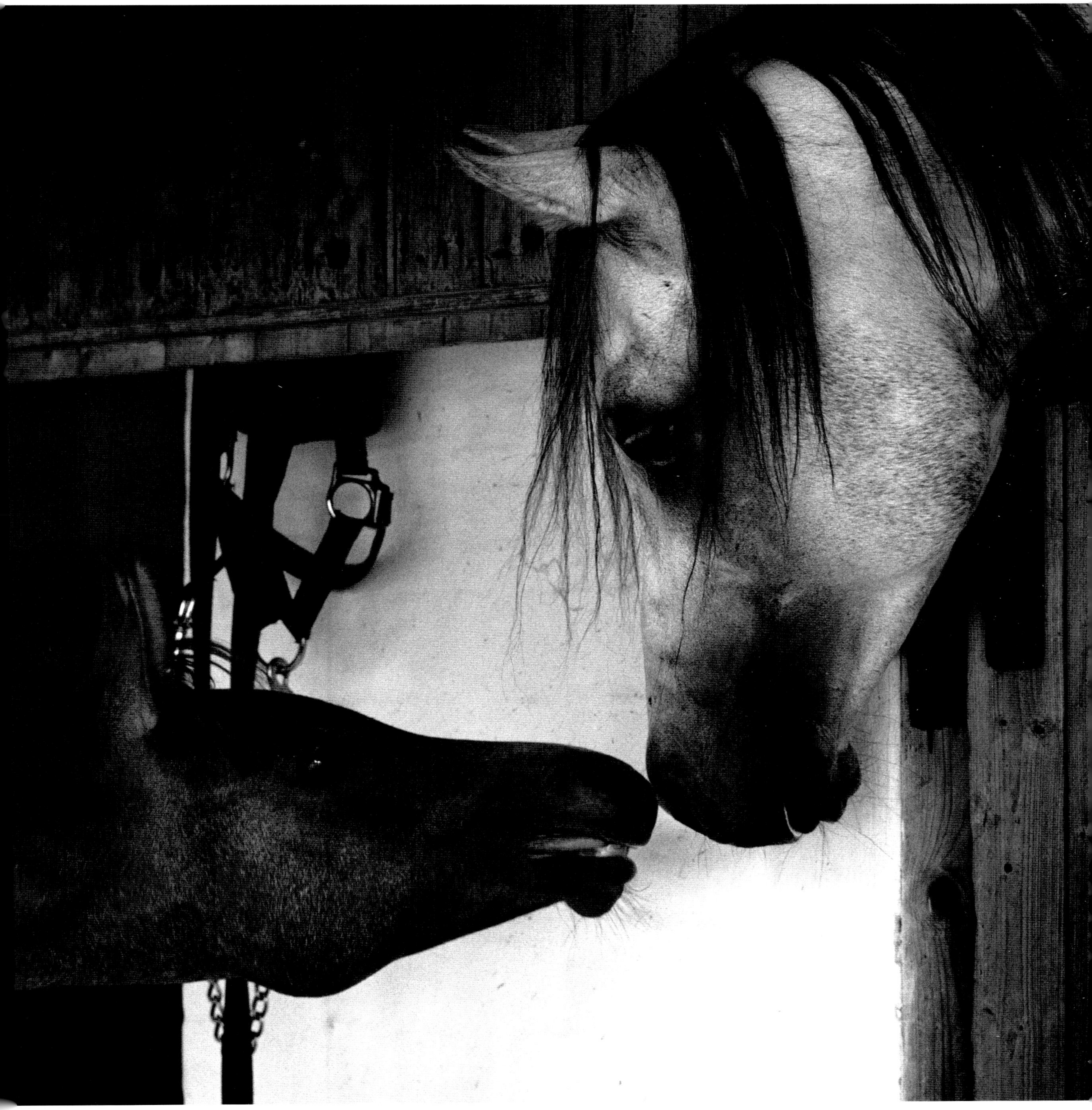

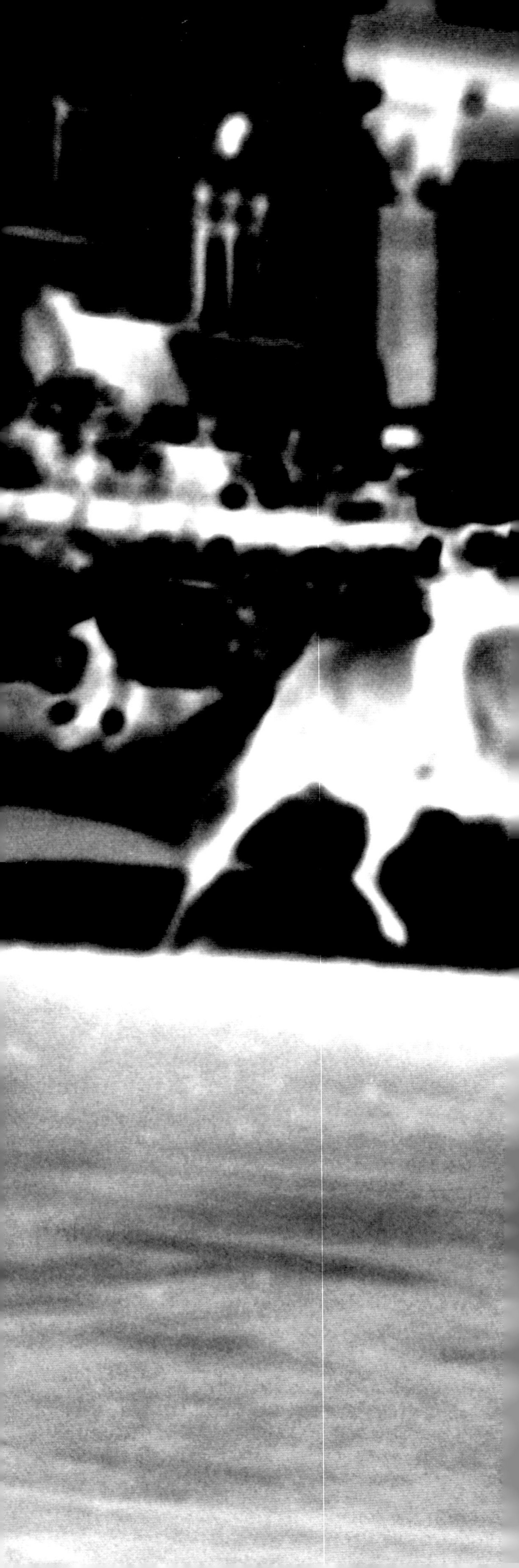

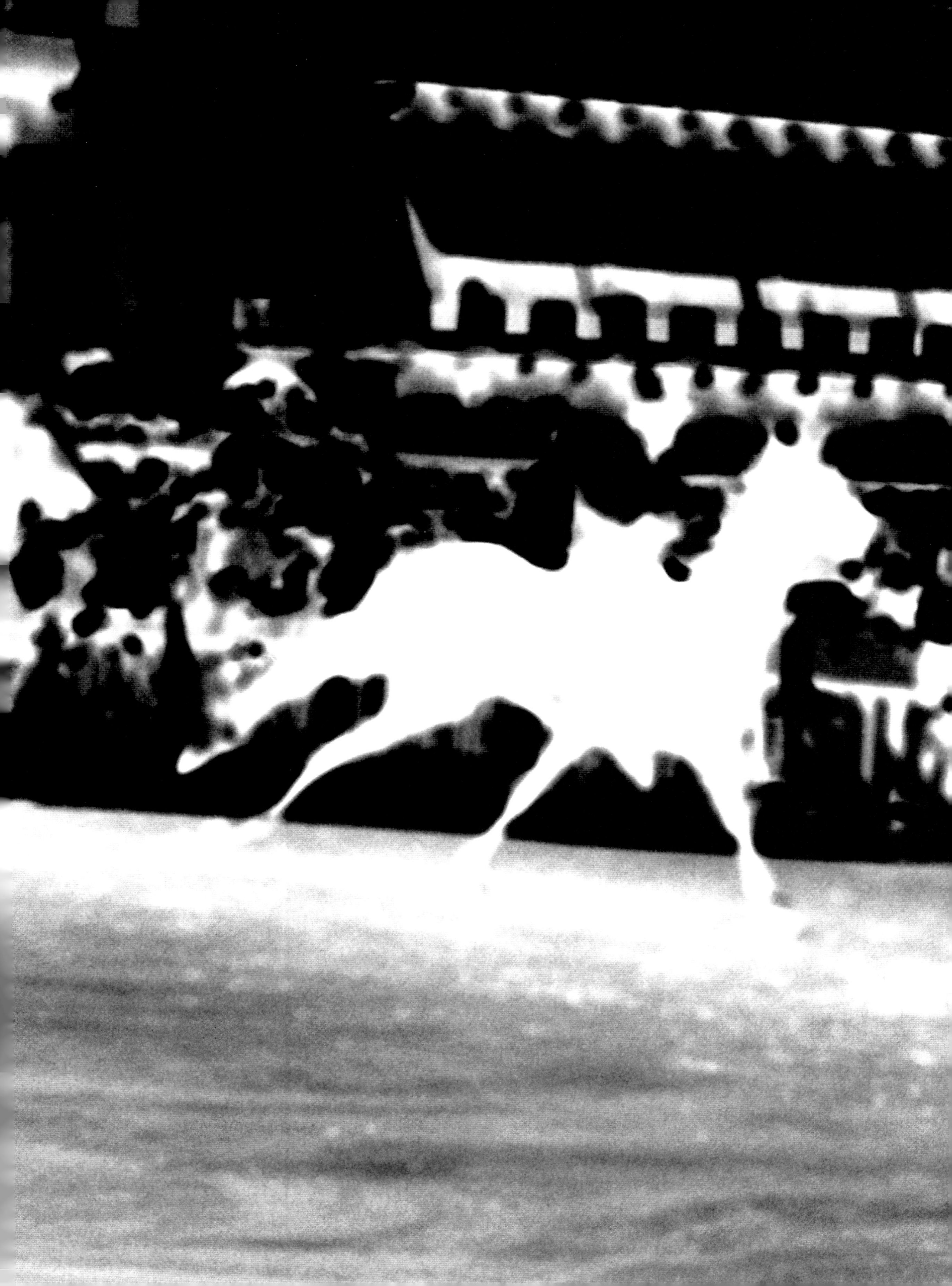

Die apokalyptischen Reiter

Dann sah ich: Das Lamm öffnete das erste der sieben Siegel; ich hörte das erste der vier Lebewesen wie mit Donnerstimme rufen: Komm! Da sah ich ein weißes Pferd; und der, der auf ihm saß, hatte einen Bogen. Ein Kranz wurde ihm gegeben, und als Sieger zog er aus, um zu siegen.
Als das Lamm das zweite Siegel öffnete, hörte ich das zweite Lebewesen rufen: Komm! Da erschien ein anderes Pferd; das war feuerrot. Und der, der auf ihm saß, wurde ermächtigt, der Erde den Frieden zu nehmen, damit die Menschen sich gegenseitig abschlachteten. Und es wurde ihm ein großes Schwert gegeben.
Als das Lamm das dritte Siegel öffnete, hörte ich das dritte Lebewesen rufen: Komm! Da sah ich ein schwarzes Pferd; und der, der auf ihm saß, hielt in der Hand eine Waage. Inmitten der vier Lebewesen hörte ich etwas wie eine Stimme sagen: Ein Maß Weizen für einen Denar und drei Maß Gerste für einen Denar. Aber dem Öl und dem Wein füge keinen Schaden zu!
Als das Lamm das vierte Siegel öffnete, hörte ich die Stimme des vierten Lebewesens rufen: Komm! Da sah ich ein fahles Pferd; und der, der auf ihm saß, heißt »der Tod«; und die Unterwelt zog hinter ihm her. Und ihnen wurde die Macht gegeben über ein viertel der Erde, Macht, zu töten durch Schwert, Hunger und Tod und durch die Tiere der Erde.
...
Der sechste Engel blies seine Posaune: Da hörte ich eine Stimme, die von den vier Hörnern des goldenen Altars her kam, der vor Gott steht. Die Stimme sagte zu dem sechsten Engel, der die Posaune hält: Binde die vier Engel los, die am großen Strom, am Euphrat, gefesselt sind. Da wurden die vier Engel losgebunden, die auf Jahr und Monat, auf Tag und Stunde bereitstanden, um ein Drittel der Menschheit zu töten. Und die Zahl der Reiter dieses Heeres war vieltausendmal tausend; diese Zahl hörte ich.
Und so sahen die Pferde und die Reiter in der Vision aus: Sie trugen feuerrote, rauchblaue und schwefelgelbe Panzer. Die Köpfe der Pferde glichen Löwenköpfen, und aus ihren Mäulern schlug Feuer, Rauch und Schwefel. Ein Drittel der Menschen wurde durch diese drei Plagen getötet, durch Feuer, Rauch und Schwefel, die aus ihren Mäulern hervorkamen. Denn die tödliche Macht der Pferde war in ihren Mäulern und in ihren Schwänzen. Ihre Schwänze glichen Schlangen, die Köpfe haben, mit denen sie Schaden zufügen können.

DIE OFFENBARUNG DES JOHANNES 6,1 – 8; 9,13 – 19

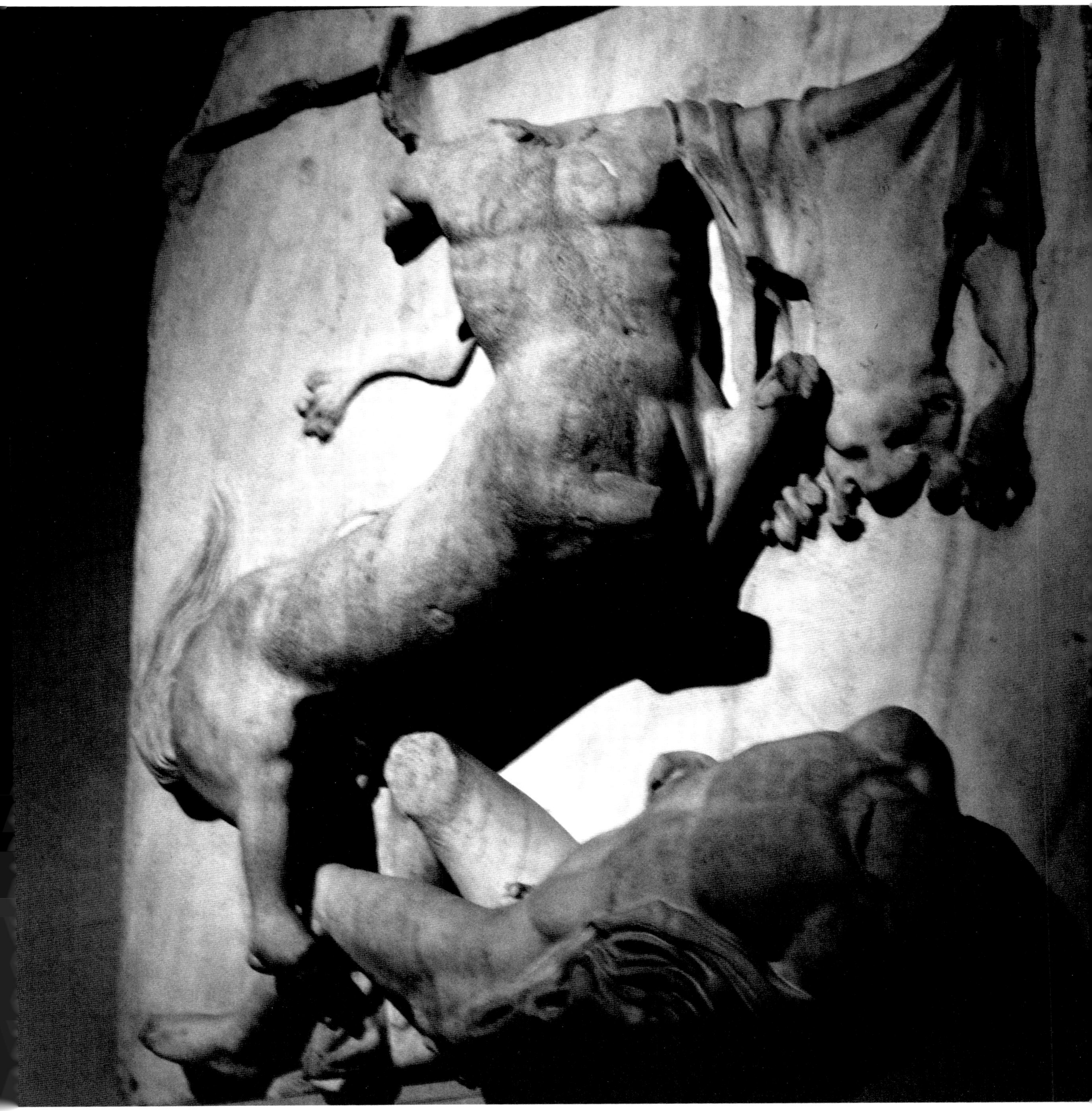

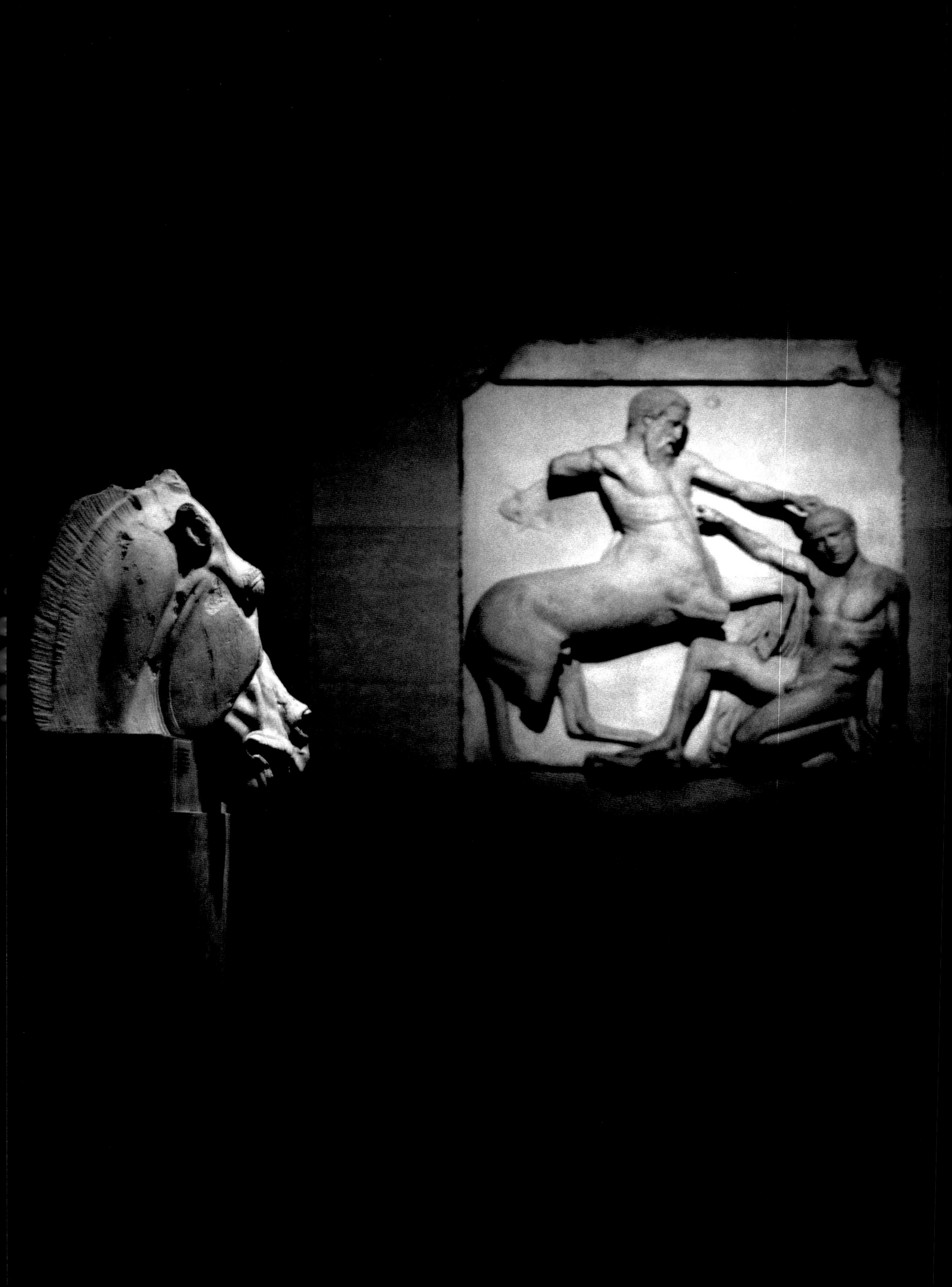

Epiphanie

Kentauren, euch hätte ich gar zu gern in natura gesehen
Mit eignen Augen, eh ich mich aus dem Staub mache hier.
Einhörner, Drachen, ihr Harpyien, Sphinxe und Feen,
Könnt mir gestohlen bleiben. Von allem Fabelgetier,
Pferdemenschen, das größte Rätsel seid ihr.

Könnt ihr nicht wiederkehren, könnt ihr nicht auferstehen
Eines Sommertages? Ihr müsst ja nicht wiehern,
Es reicht, wenn einer von euch aus dem Unterholz bricht.
Zum Beispiel in Griechenland, nachts an der Autobahn
An einer Tankstelle im Scheinwerferlicht.

Doch es gibt keine zweite Chance. Leider, ich weiß ja:
Die Wälder, aus denen ihr treten könntet, sind abgeholzt.
Vorbei der Tanz, der Galopp durchs Dunkel der Peloponnes,
Seit die Fichten gerodet wurden, Material für die Flotten,
Die den Seesieg erkämpften bei Salamis.

Schlusslichter ihr, kaum wart ihr verschwunden, war Schluss
Mit den Göttern. Es blieb nur das ungeheure Geräusch
Knackender Zweige im Regen. Manches erinnert an euch.
So der behaarte Unterarm meines Nebenmannes im Bus,
Schwarz die Putzwolle dort auf der Männerbrust.

Mutanten aus Mutwillen, Herolde ihr aus der alten Welt,
Einmal noch habt ihr Europa besucht unter Dschingis Khan.
Dass der Sturm aus der Steppe die Städte in Atem hält –
Der Mensch mit dem Pferd verwachsen, der mongolische Traum,
War der letzte vor Flugzeug und Eisenbahn.

Nur Texte blieben euch, Vasenbilder und Marmorreliefs,
Mit den Muskeln zu spielen. Nur die unsterblichen Strophen
Von Homer bis Ovid, die euch schildern in freier Wildbahn.
Wer will schon Kentauren gebären wie jener Philosoph?
Was kann ich tun, euch noch einmal zu treffen?

DURS GRÜNBEIN

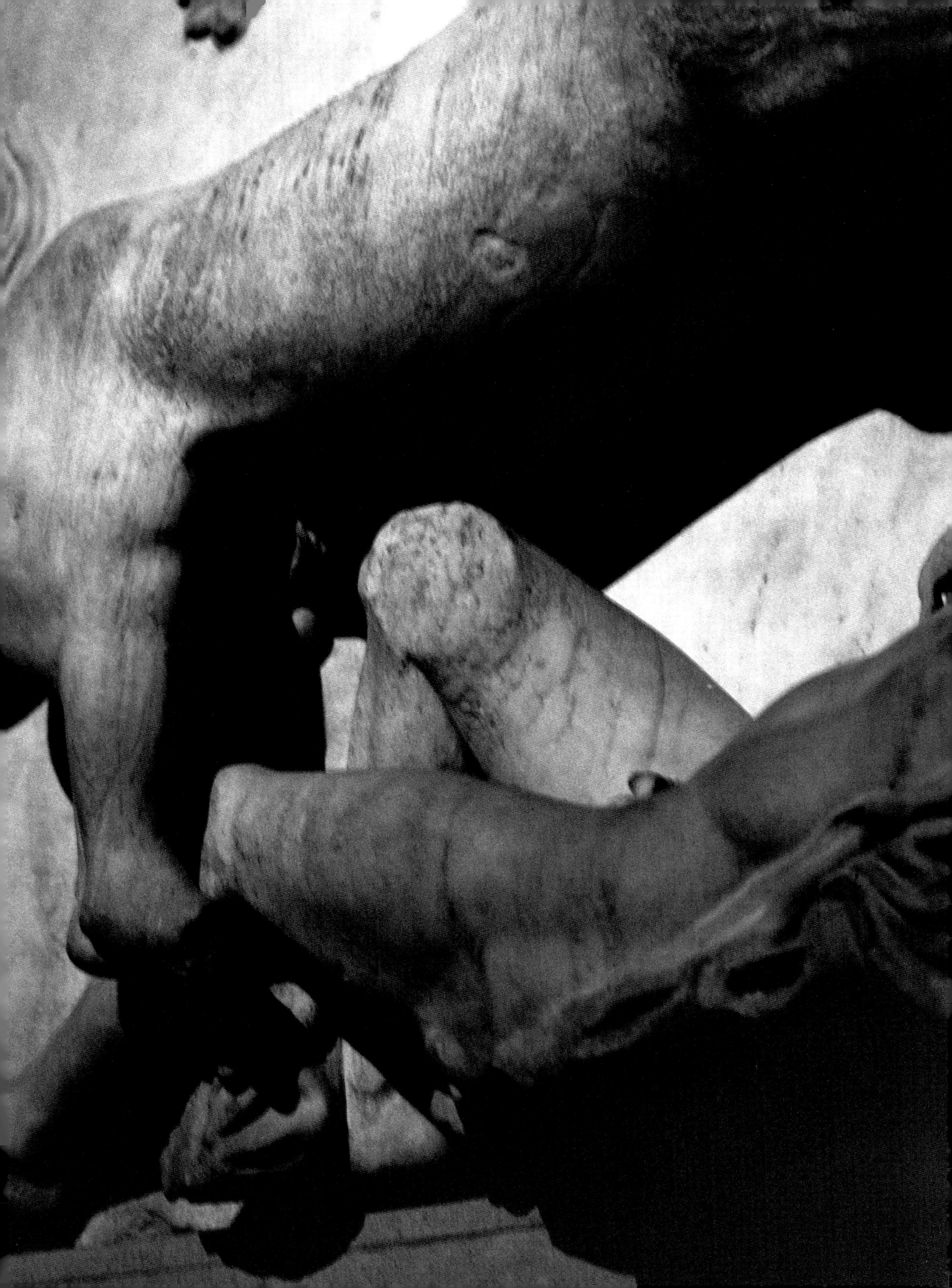

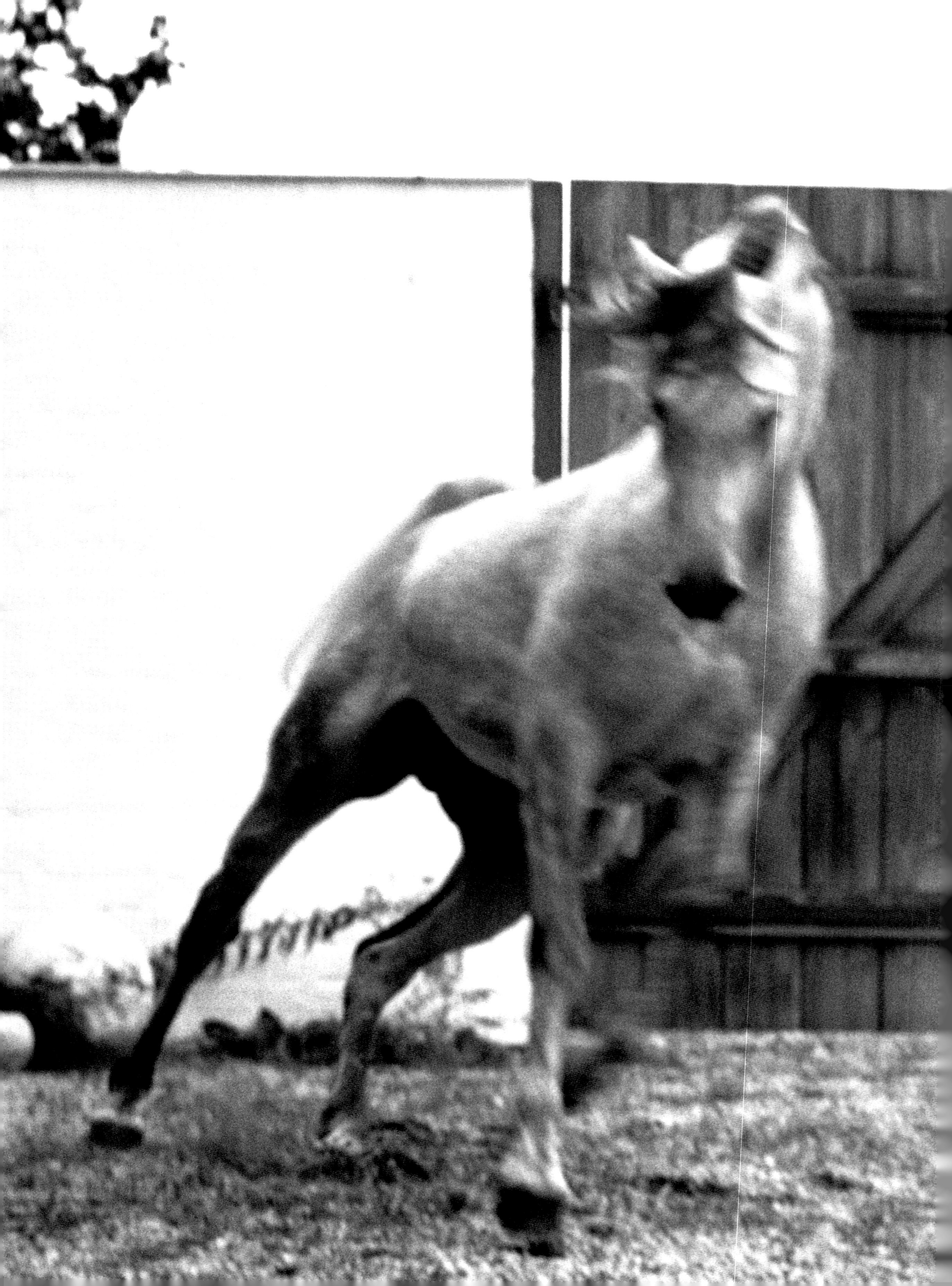

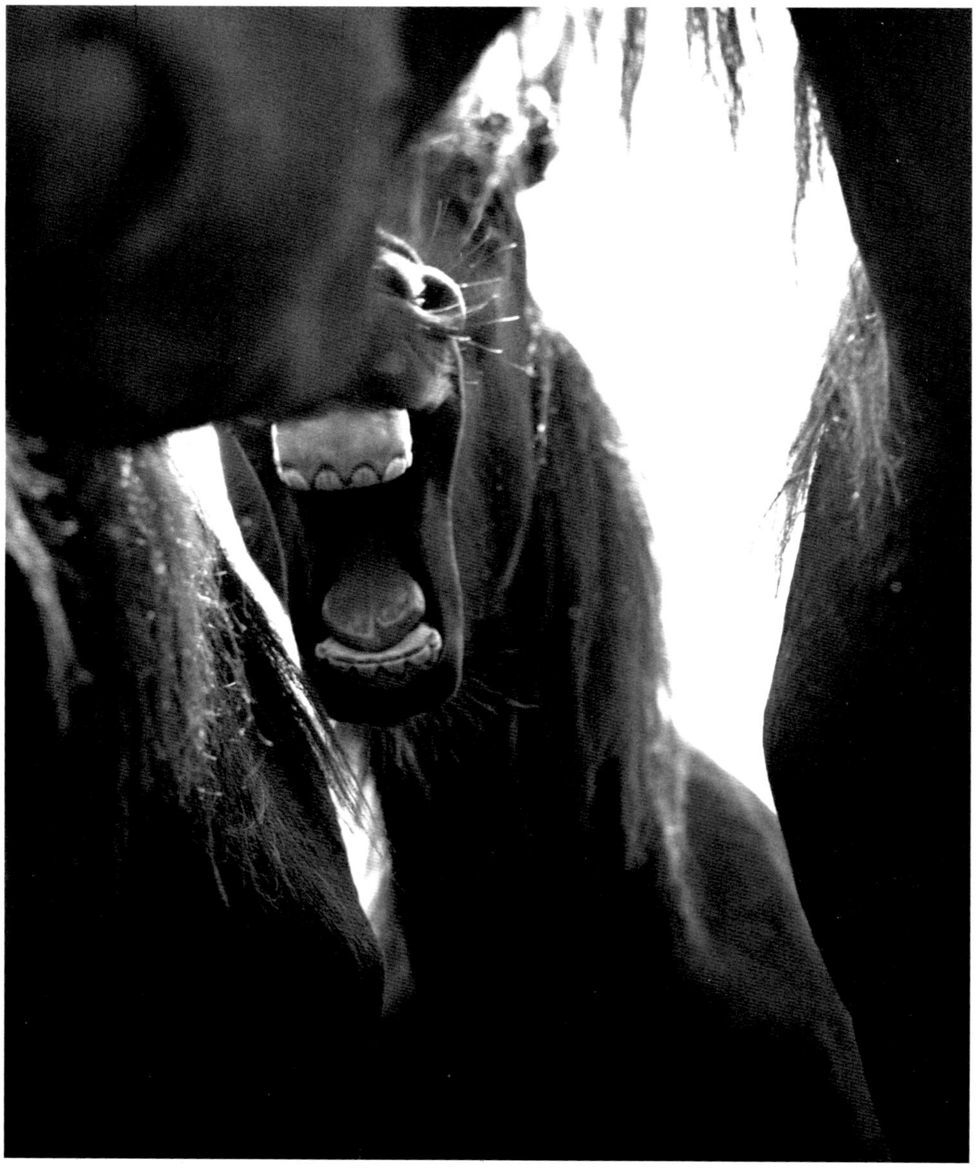

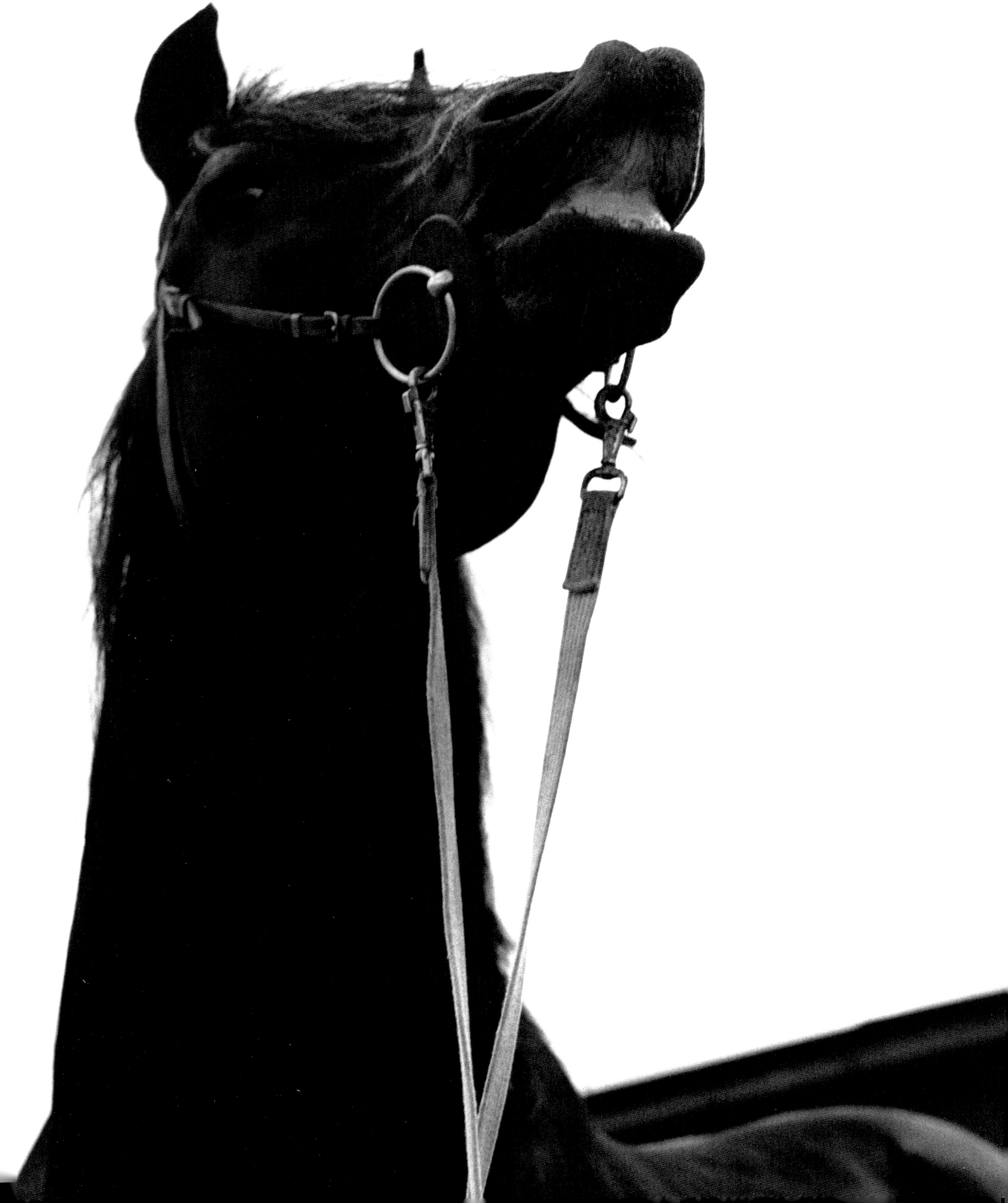

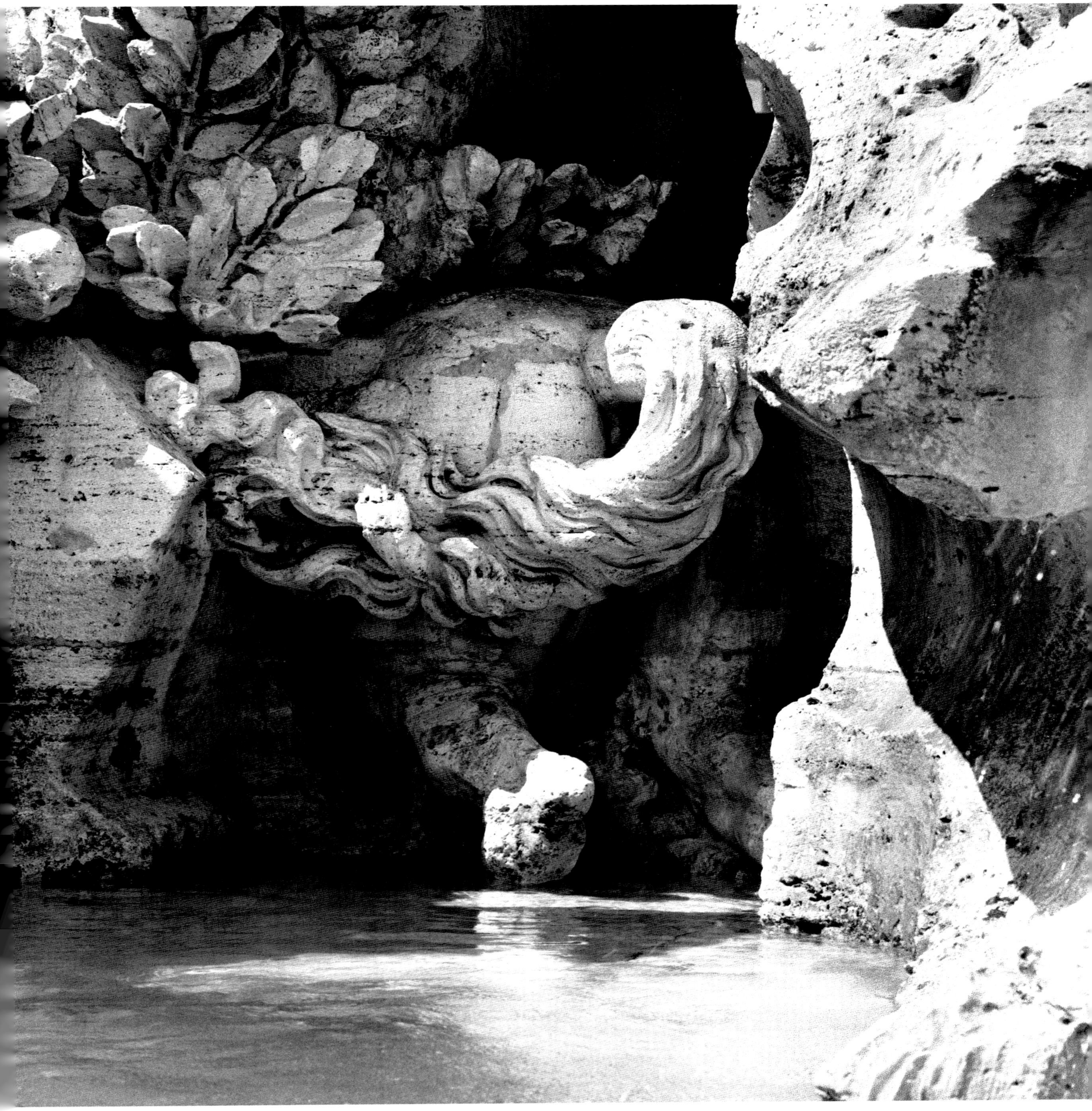

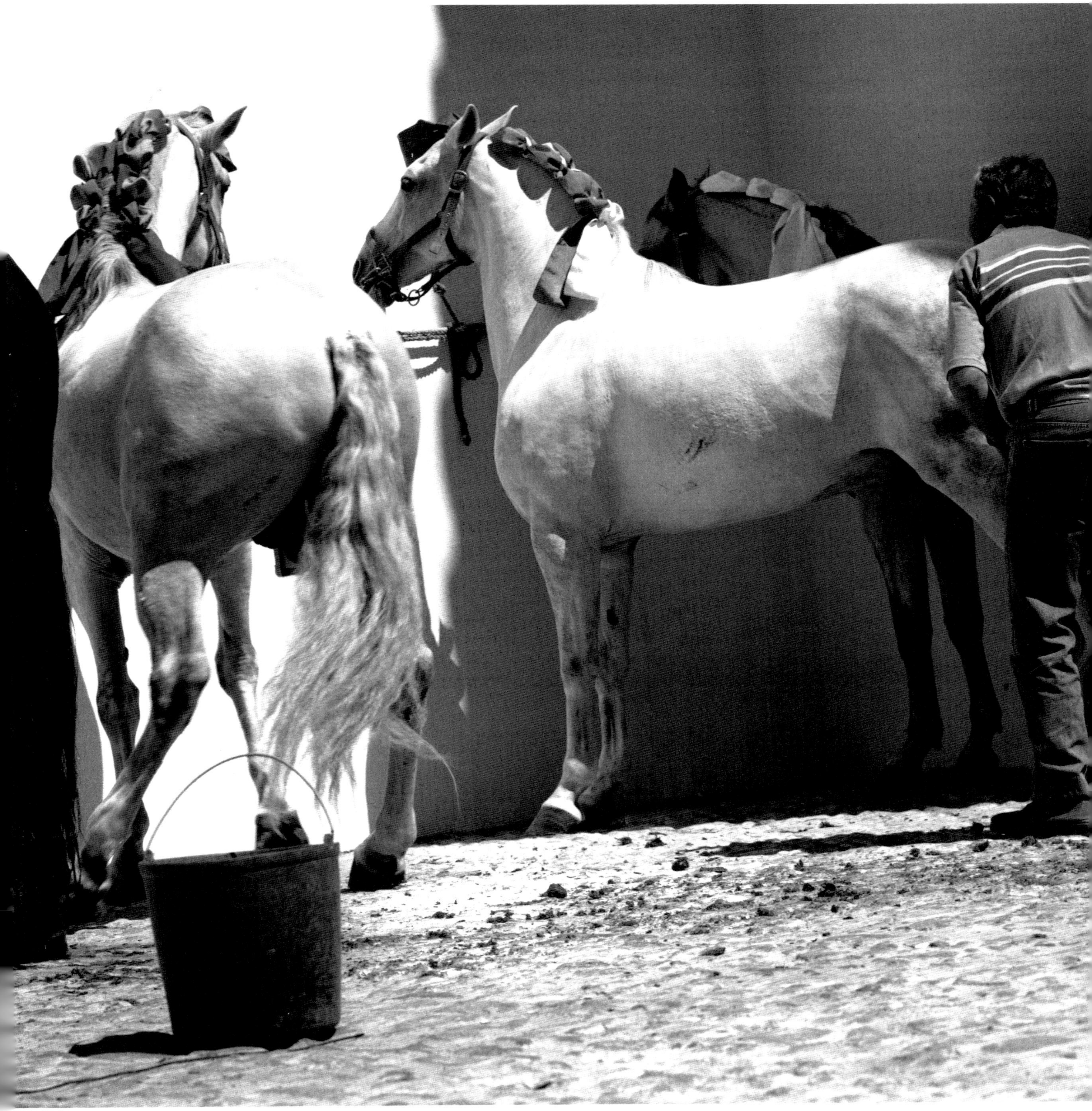

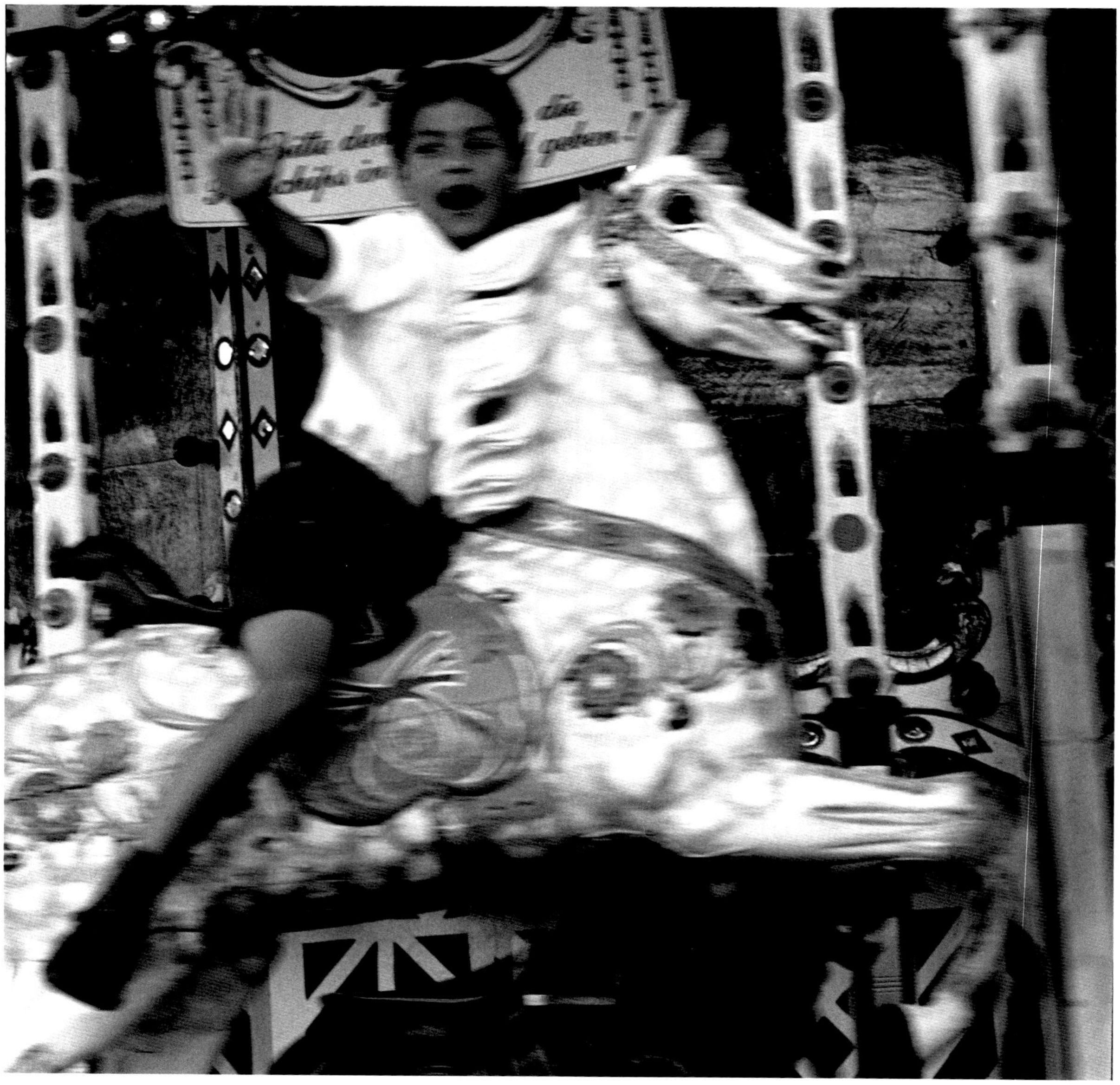

Das Karussell *Jardin du Luxembourg*

Mit einem Dach und seinem Schatten dreht
sich eine kleine Weile der Bestand
von bunten Pferden, alle aus dem Land,
das lange zögert, eh es untergeht.
Zwar manche sind an Wagen angespannt,
doch alle haben Mut in ihren Mienen;
ein böser roter Löwe geht mit ihnen
und dann und wann ein weißer Elefant.

Sogar ein Hirsch ist da, ganz wie im Wald,
nur dass er einen Sattel trägt und drüber
ein kleines blaues Mädchen aufgeschnallt.

Und auf dem Löwen reitet weiß ein Junge
und hält sich mit der kleinen heißen Hand,
dieweil der Löwe Zähne zeigt und Zunge.

Und dann und wann ein weißer Elefant.

Und auf den Pferden kommen sie vorüber,
und Mädchen, helle, diesem Pferdesprunge
fast schon entwachsen; mitten in dem Schwunge
schauen sie auf, irgendwohin, herüber –

Und dann und wann ein weißer Elefant.

Und das geht hin und eilt sich, dass es endet,
und kreist und dreht sich nur und hat kein Ziel.
Ein Rot, ein Grün, ein Grau vorbeigesendet,
ein kleines kaum begonnenes Profil –.
Und manchesmal ein Lächeln, hergewendet,
ein seliges, das blendet und verschwendet
an dieses atemlose blinde Spiel...

RAINER MARIA RILKE

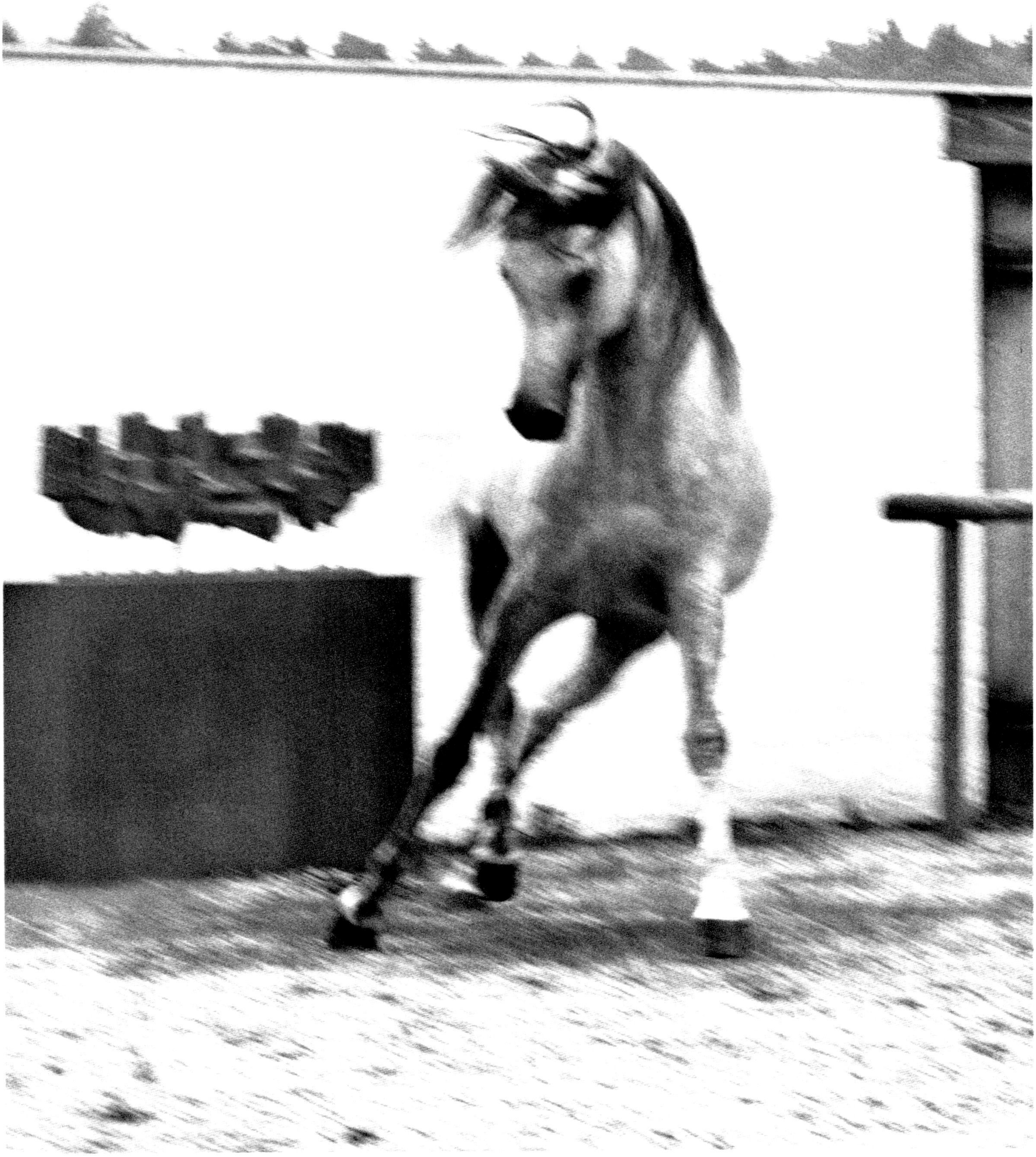

Wir aber haben eine unermessliche Weite
durchlaufen, und schon ist es Zeit,
den dampfenden Hals der Rosse
vom Geschirr zu lösen.

VERGIL

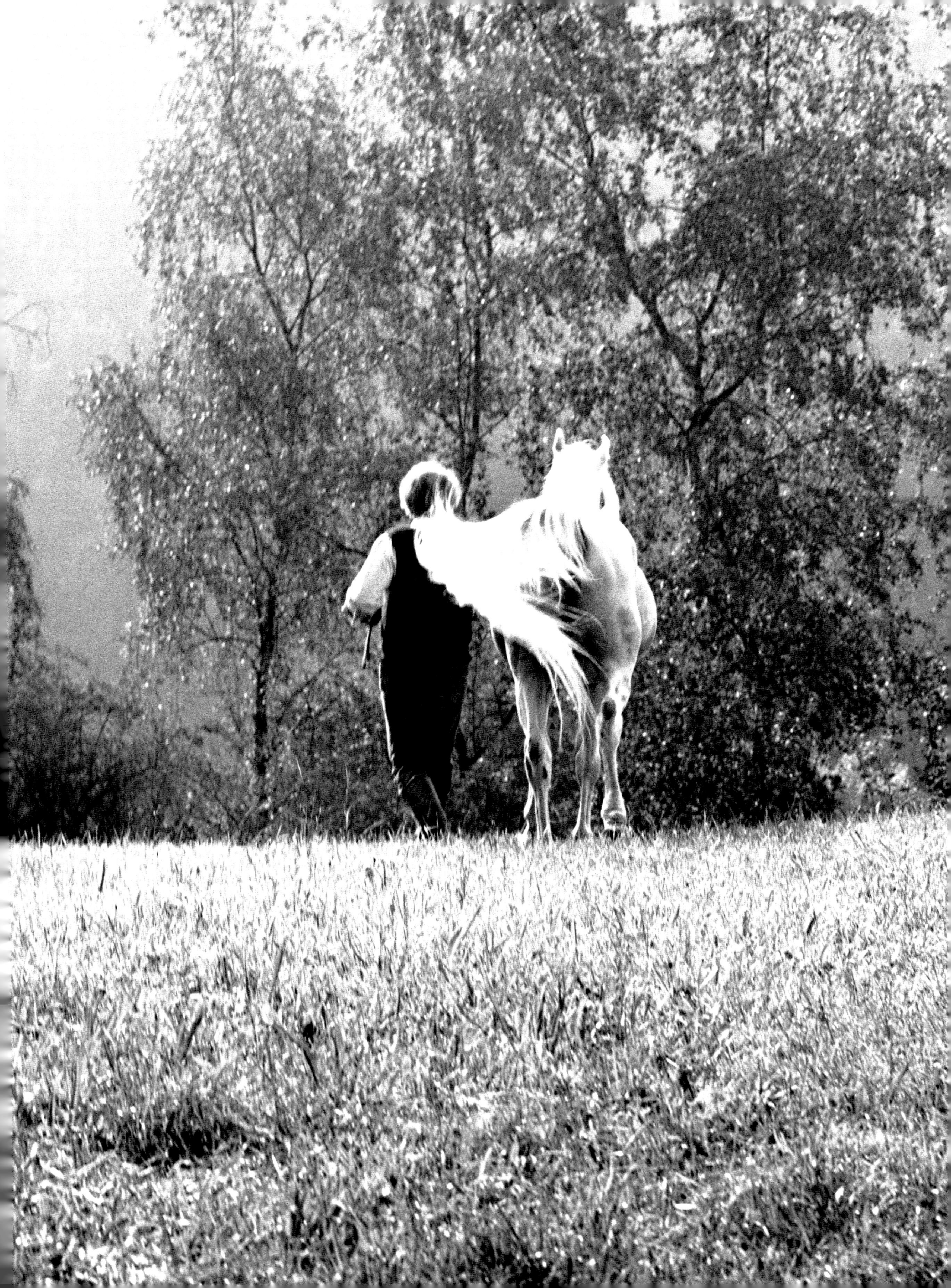

ERIKA SIMON

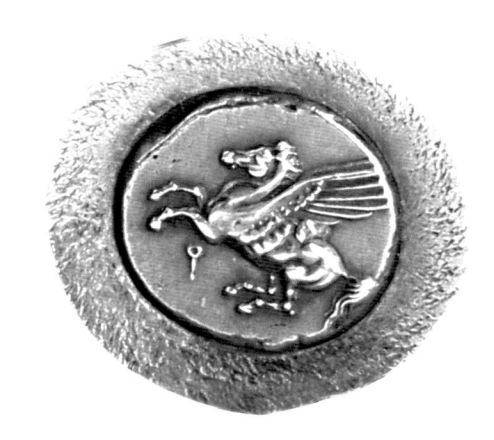

Mythos Pferd

Die frühesten Pferdedarstellungen kamen in den vierziger Jahren des letzten Jahrhunderts ans Licht unserer Zeit und machten die Welt staunen. Wahre Wunderwerke von Menschenhand von vor 15 000 Jahren! In ihrer Unmittelbarkeit lassen die Höhlenzeichnungen von Lascaux und Altamira noch heute die magische Kraft spüren, mit der Wildpferde die Menschen der Vorgeschichte faszinierten. Zeiten sind darüber hingegangen, und viel später, erst vor rund vier Jahrtausenden, gelang die Zähmung des Pferdes – so spät, dass die Erinnerung daran in den Mythen fortlebte. Im griechischen Mythos war es die kluge Göttin Athena und Erfinderin des Zaumzeugs, die dem Heros Bellophron half, den geflügelten Pegasos zu zähmen und so die Feuer schnaubende Chimaira zu überwinden. Dabei war auch Magie im Spiel, wie wir von Pindar (464 v. Chr.) aus dem 13. olympischen Siegeslied erfahren:

Wirklich packte der starke Bellerophontes
Stürmisch das Flügelross und spannte
Ihm den zähmenden Zauber ums Kinn;
Dann stieg er auf …

Der Held stammte aus der Stadt Korinth, die zu Pindars Zeit den Pegasos als Wappen auf ihren Münzen führte. Bellerophon und sein Wunderross erlösten gemeinsam die Welt von einem Scheusal, Schönes siegte über Hässliches. Wenn im Folgenden auch manches andere zur Sprache kommt, im Zentrum steht die Schönheit der Pferde, so wie sie Ingrid von Kruse in gesteigerter Sichtbarkeit in ihren Lichtbildern vorführt. Und zur Schönheit gesellen sich Schnelligkeit und Kraft. Am schnellsten sind die Rosse der Götter. Wie jene sind sie unsterblich, fliegen wie Pegasos durch die Lüfte, ziehen als Schimmel den Wagen des Sonnengottes, als Rappen den der Nachtgöttin. Die Ställe für die Götterpferde liegen im Olymp oder wie bei Poseidon in der Tiefe des Meeres (Homer, Ilias 13, 23 ff.):

Dort schirrt' er zwei Rosse, ein Wundergespann, vor den Wagen:
Schnellhinfliegend, mit goldenem Haar und ehernen Hufen.

Hippios, »Herr der Pferde«, hieß Poseidon in der gesamten griechischen Welt. Auf der Peloponnes erhielt er sogar ein ganz ungewöhnliches Opfer: Die Argiver versenkten für ihn gezügelte Pferde in einer Süßwasserquelle am Meer. Auf dem Fragment eines argivisch geometrischen Gefäßes aus dem späteren 8. Jahrhundert v. Chr. ist dieses Opfer dargestellt. Ein Mann mit einem Helm hält ein Pferd am Zügel und dieses versinkt zwischen einem Wasservogel und Fischen in den Wellen. Oben sind vier Männer in gleicher Bewegung zu sehen, wohl beim Kulttanz.

Nicht nur Poseidon Hippios trug einen von *hippos* (Pferd) hergeleiteten Namen. Die Griechen selbst liebten es, ihre eigenen Namen von diesem Wort abzuleiten. So gibt es unter anderem Philippos, den »Pferdefreund«, den Arzt Hippokrates, »stark durch das Pferd« oder die Sokratesgattin Xanthippe, »die helle Stute«.

Poseidon erscheint oft selbst als Ross, und er war es auch, der dem Vater Achills ein Zweigespann unsterblicher Hengste zum Geschenk machte. Sie hießen Xanthos und Balios – der Falbe und der Schecke – und zogen mit Achill gegen Troja. In der »Ilias« spielen jene dämonischen, »windschnellen Rosse« eine wichtige Rolle. Sie waren Kinder des Westwinds, hatten lange Mähnen und glichen in ihrer Schnelligkeit den Stürmen. Achill ließ Xanthos und Balios an den Wagen schirren, der seinen Freund Patroklos in die Schlacht und auch in den Tod trug. Als er gefallen war (Ilias 17, 436 ff.),

Standen sie reglos da und hielten den prächtigen Wagen
Ihre Köpfe zu Boden gesenkt; es flossen die warmen
Tränen zu Boden herab von den Lidern,
  so weinten sie sehnlich
Um ihren Lenker; es wurde befleckt die üppige Mähne,
Die aus dem Jochring quoll zu beiden Seiten des Joches.

Nachdem Zeus den Rossen neue Kraft eingehaucht hatte, kehrten sie ins achäische Lager zurück. Dort weissagte das eine Pferd dem Achill den bevorstehenden Tod (19, 404 ff.):

*Da sprach unter dem Joch das Pferd mit den hurtigen Füßen,
Xanthos, und neigte dabei den Kopf, dass die Mähne, die volle
Niederfiel aus dem Ring beim Joch und den Boden berührte;
Menschliche Stimme gab ihm die weißellbogige Hera:
»Wohl, wir werden dich jetzt noch retten, starker Achilleus;
Nah ist dir der Tag des Verderbens, aber nicht wir sind
Schuldig, sondern der große Gott und das mächtige Schicksal.«*

Pferde mit langer Mähne, wie Homer sie hier beschreibt und wie sie in vielen Aufnahmen dieses Buches zu sehen sind, erscheinen in der früheren griechischen Kunst, ehe der Schnitt der Mähnen und Schweife Mode wurde, wie es etwa das prachtvolle, um 520 v. Chr. entstandene Viergespann auf einer attischen Amphora zeigt. Es wird von der auf den Wagen steigenden Ariadne und von Hermes, der hinter den Pferden steht, für Dionysos bereitgehalten. Der Gott blickt auf die vier Rappen zurück, die nicht nur schwarz sind, weil sie sich auf einem schwarzfigurigen Gefäß befinden. Der Keramiker hätte sie leicht weiß darstellen können wie die Haut der Ariadne, den Hut des Hermes oder das Gewand des Dionysos. Zu seinem Gefolge gehören außerdem drei Silene oder Satyrn, die mit Musik und Possen das Gespann umgeben. Auch sie waren Pferdewesen, wie Schweife und Ohren verraten.

linke Seite oben: Pegasos auf einem Statér (Silbermünze) von Korinth. Das Zeichen unter der Vorderhand ist der Buchstabe Koppa, die Abkürzung für Korinth. Auf der Gegenseite Kopf der Athena. Mittleres 4. Jahrhundert v. Chr.

rechts: Zweigespanne in einer Prozession. Hauptfries einer für ein Begräbnis hergestellten frühattischen Amphora. Um 690 v. Chr. *Paris*

Ein Pferd wird als Opfer für Poseidon versenkt. Fragment eines argivisch-geometrischen Gefäßes. Späteres 8. Jahrhundert v. Chr. *Argos*

Zu allen Zeiten gehörte das Pferd zu den vornehmen Themen der Bildkunst. Der Archäologe Ludwig Curtius hat die Gegensätze, die bei der Darstellung eines Pferdes zu bewältigen sind, mit folgenden Worten umschrieben: »Ein schwerer Leib auf zierlichen Beinen, massige Kraft, die vor jedem Schatten erschrickt, wagrecht getragene Last und stolz aufrechte Haltung: kein anderes Tier besitzt einen gleich widerspruchsvollen Formcharakter, in keinem ist die Antithese Materie und Geist, Dumpfheit und Helle, Beharren und Beweglichkeit ähnlich scharf gestellt, kein anderes verlockt so sehr zur Einigung des Antinomischen, zum Heraustreiben des Gegensätzlichen, zur Steigerung des Dämonischen seines Wesens.«

Neben Athena und Poseidon war Hera, die an der zitierten Stelle bei Homer dem Hengst die Stimme verleiht, eine Pferdegottheit. Sie sorgte als Herrin der Weiden zusammen mit Demeter, der Spenderin des Getreides, für das Futter der Tiere, das vor allem aus Weizen bestand (Ilias 10, 569). Zugleich war Demeter die Mutter berühmter Pferde und konnte in Rossgestalt auftreten. Die üppigsten Pferdeweiden Griechenlands lagen im Nordosten, im wasserreichen Thessalien, das nach dem Mythos von Poseidon geschaffen war. Von dort stammten nach unseren Quellen die Stierspiele (Taurokathápsia), die in anderer Form bis heute im Stierkampf weiterleben. Durch Plinius den Älteren (Naturgeschichte 8, 182) wissen wir, dass Julius Caesar das thessalische *spectaculum* auch in Rom einführte.

Im 8. Jahrhundert v. Chr., in homerischer Zeit, wurden Pferde vor allem geritten. In der Ilias greifen die Schilderungen jedoch ein halbes Jahrtausend zurück. Damals fuhren die Helden mit ihren Kampfwagen zur Front, stiegen dort ab und kämpften zu Fuß. Esel und Maultiere zogen die Transportwagen und die Wagen der Toten. Darstellungen in der griechischen Grabkunst des 8. bis 6. Jahrhunderts v. Chr. zeigen häufig Zwei-, Drei- oder Viergespanne von Pferden, die feierlich in einer Prozession schreiten oder in einem Wettrennen dahinjagen. Beides geschah zu Ehren der Toten und zur Repräsentation vornehmer Familien. Vorbild dafür waren die im 23. Gesang der Ilias geschilderten Wettkämpfe zu Ehren des toten Patroklos mit dem Wagenrennen als Höhepunkt. Nur Achill und die von Trauer überwältigten Pferde nehmen daran nicht teil (279 ff.):

Aber nun bleibe ich hier, mit mir die hufigen Rosse,
Welche die edle Kraft eines solchen Lenkers verloren,
Jenes milden, welcher so oft mit geschmeidigem Öle
Ihnen die Mähnen begoss und sie wusch mit sauberem Wasser.
Beide stehen sie nun, um ihn trauernd, und nieder
    zu Boden
Fallen die Mähnen; so stehen sie da bekümmerten Herzens.

Es gibt kaum eine andere Dichtung, in der Pferde so vermenschlicht werden wie in der Ilias. Durch sie versteht man, dass der griechischen Phantasie ein Wesen halb Pferd, halb Mensch entspringen konnte: der Kentaur. Er ist eine einzigartige Schöpfung der Hellenen des frühen 1. Jahrtausends v. Chr., einer Epoche, in der sich das Reiten allmählich durchsetzte. Dieses Doppelwesen, die Symbiose von Ross und Reiter, war nicht nur ein großes Thema der Antike, es geistert noch heute durch Dichtung und Bildkunst.

Der früheste uns erhaltene Kentaur ist eine Terrakottaplastik von der Insel Euböa aus der Zeit um 900 v. Chr. Wegen der Wunde am linken Knie lässt sich das Wesen sogar benennen. Es dürfte sich um Cheiron handeln, von dem wir aus der Ilias wissen (11, 831 f.), dass der junge Achill in Thessalien sein Schüler war. Homer nennt Cheiron dort »den rechtlichsten der Kentauren«. Er verwundete sich selbst aus Unachtsamkeit durch einen Pfeil. Seine mit Weissagung begabte Tochter hatte ihm trotz eines Verbots das Unglück vorausgesagt. Zur Strafe dafür wurde sie in eine Stute verwandelt (Ovid, Metamorphosen 2, 655-677).

Der mythische Anlass für den in der Ilias geschilderten Trojanischen Krieg war die Entführung der

Helena. Doch war Troja zuvor schon einmal – durch Herakles – erobert worden, nach Homer (Ilias 5, 640 f.) »der Pferde Laomedons wegen«.

Die zweite Eroberung wurde möglich durch das riesige Trojanische Pferd, das alle sterblichen und unsterblichen Wunderrosse an Ruhm und Größe in den Schatten stellt. Es gehört zu den frühesten Sagenbildern der Griechen. Aus der Ilias wissen wir darüber nichts. Das Epos endet mit der Bestattung des Hektor. Erhalten ist dagegen der Bericht im zweiten Buch der »Aeneis« Vergils. Aeneas schildert darin als Augenzeuge, wie das Riesenross, als Weihgeschenk für Athena getarnt, mit den bewaffneten Achäern im hölzernen Leib – trotz der Warnung des Laokoon – von jungen Trojanern in die Stadt gezogen wurde. Da nahm das Unheil seinen Lauf.

Aeneas, Angehöriger des trojanischen Königshauses, gelang mit den Seinen die Flucht übers Meer. Sie fuhren mit einer Flotte nach Westen und führten auch Pferde mit. Als sie sich der Südostküste Italiens näherten, sahen sie helle Pferde weiden; so berichtet Aeneas (3, 537 f.):

Schimmel sah ich dort vier – ein erstes Omen – im Grase
Weideten sie auf flachem Gelände und leuchteten schneeweiß.

Anchises, der greise Vater des Aeneas, deutete jene Pferde als ein Zeichen für Krieg, der die Ankömmlinge in diesem Land erwarte. Doch er fügte hinzu (541 ff.):

Einst aber werden die Vierhufer sich an den Wagen gewöhnen,
Werden Zügel und Joch gemeinsamen Sinnes ertragen:
Friedenshoffnung besteht ...

Aeneas zog mit seinem Gefolge nach Mittelitalien, wo Anchises' Nachkommen Rom gründen sollten. Ihm selbst war es nicht vergönnt, die Reise bis dorthin fortzusetzen; er starb in Sizilien. An seinem Grab führten junge Trojaner ein Reiterspiel mit komplizierten Paraden und Gangarten auf (Aeneis 5, 548-603); dieses berühmte »Trojaspiel« ist für Feste und Bestattungen in Rom bis in die mittlere Kaiserzeit bezeugt.

Während der Blütezeit der etruskischen Kultur – vom 7. bis zum späteren 5. Jahrhundert v. Chr. – gehörte das Reiten zum normalen Umgang mit Pferden. Mehr aber als in Griechenland war auch der zweirädrige Wagen in Gebrauch. Er diente wie dort Prozessionen, Wagenrennen und allgemein der Repräsentation. Eine bezeugte etruskische Sitte, die auch die italischen Nachbarn übernahmen, war die Bestattung von begüterten Männern und Frauen zusammen mit einem Prachtwagen, zum Teil auch mit dem Gespann. 280 archaische Wagengräber wurden in Italien gefunden.

»Pferdekopfamphora«.
Athen, um 570 v. Chr.
Würzburg

Viergespann des Dionysos mit Hermes als Geleiter und drei Silenen (Satyrn) mit Pferdeschweifen und -ohren als Begleiter. Ariadne hält die Zügel, Dionysos blickt auf die Pferde zurück. Hauptbild einer attisch schwarzfigurigen Amphora des Töpfers Andokides. Um 520 v. Chr. *Würzburg*

Einen Höhepunkt erlangte die Darstellung des Pferdes in der klassischen Kunst, also im 5. und 4. Jahrhundert v. Chr. Ende des 6. Jahrhunderts hatten in Athen politische Veränderungen stattgefunden; der Beginn der Demokratie. Bis dahin traten in der antiken Kunst Pferde als Begleiter der Heroen oder des Adels auf, jetzt erschienen sie auf unzähligen attischen Vasenbildern im alltäglichen Umfeld. Vom Volk gewählte Beamte wurden mit der Aufsicht über Pferdezucht und Reiterei betraut. Wie Aristoteles im »Staat der Athener« erwähnt, war auch die Dokimasie (Pferdemusterung) dem Rat unterstellt. Pferde, die den Vorschriften nicht genügten, wurden ausgemustert. Xenophon verfasste die berühmte Schrift »Über die Reiterei« (*peri hippikes*) mit Hinweisen zur Pferdezucht sowie zum Umgang mit den wertvollen Tieren. Und wie schon vor ihm der Athener Simon, betonte er darin, dass ein Pferd in der Ausbildung nie gewaltsam behandelt werden dürfe, da erzwungene Bewegungen nicht schön seien. Wieder also stand die Schönheit dieser Geschöpfe im Blickfeld.

Das großartigste Beispiel dafür ist der Parthenon auf der Athener Akropolis, der im dritten Viertel des

Reiter in thrakischer Tracht, Innenbild einer attisch rotfigurigen Trinkschale des Töpfers Brygos. Um 480 v. Chr. *Rom*

unten: Große Tonstatuette eines Kentauren, wahrscheinlich Cheiron. Um 900 v. Chr. *Eretria*

5. Jahrhunderts v. Chr. errichtet wurde und von dessen Skulpturen auch in diesem Band einige abgebildet sind. Es war der Tempel der Parthenos (Jungfrau), wie Athena in ihrer Stadt genannt wurde. Dem Parthenon gebührt wegen der überwältigenden Schönheit der Pferde und Kentauren aus der Werkstatt des Phidias besondere Aufmerksamkeit. Betrachten wir zum Beispiel die Kentauren der Südmetopen und die Gespanne des Ostgiebels. Im Fries um die Cella des Parthenon ist die Prozession an den Panthenäen dargestellt, dem großen Fest der Stadt. In den Südmetopen blieb viel vom Kampf der Lapithen mit den Kentauren im Pferdeland Thessalien erhalten. Auch Theseus, der große Held Athens, nimmt daran teil. Mit einer (zu ergänzenden) Lanze holt er zum Todesstoß gegen einen verwundeten Kentauren aus. Dieser greift sich mit beiden Händen an die schmerzende Wunde am Rücken, genau an der Stelle, an der Mensch und Pferd zusammenwachsen. Ein anderer Kentaur strotzt vor Wildheit und Vitalität während er über einen gefallenen Lapithen dahinsprengt. Einen Höhepunkt stellen die Skulpturen im Ostgiebel des Parthenon mit der Geburt der Athena dar. In der linken Giebelecke taucht der Sonnengott Helios mit seinem Viergespann aus dem Okeanos empor. Der Allsehende erblickt die Neugeborene und hält staunend die Pferde an, wie es im Homerischen Hymnus auf die Geburt der Athena heißt (28, 11 ff.):

Das Weltmeer wogte und rollte
Purpurne Wellen dahin – da plötzlich stockte die Salzflut,
Brachte Hyperions leuchtender Sohn die sausenden Rosse
Jäh zum Stehen …

Rechts im Giebel sinkt die Göttin der Nacht mit ihrem Gespann in das Weltmeer. Mit dem Kopf des vorderen Pferdes, dem »Urpferd«, hat sich Goethe immer wieder beschäftigt und verglich es mit anderen antiken Rossen:

Das Pferd aus Athen ist höher gedacht, gewaltiger, schnaubend, mit gerundeten vorliegenden Augen gespenstermäßig blickend. Die Ohren zurückgelegt, den Mund geöffnet, scheint es stürmisch vorwärts zu dringen, aber mit Macht angehalten zu werden.

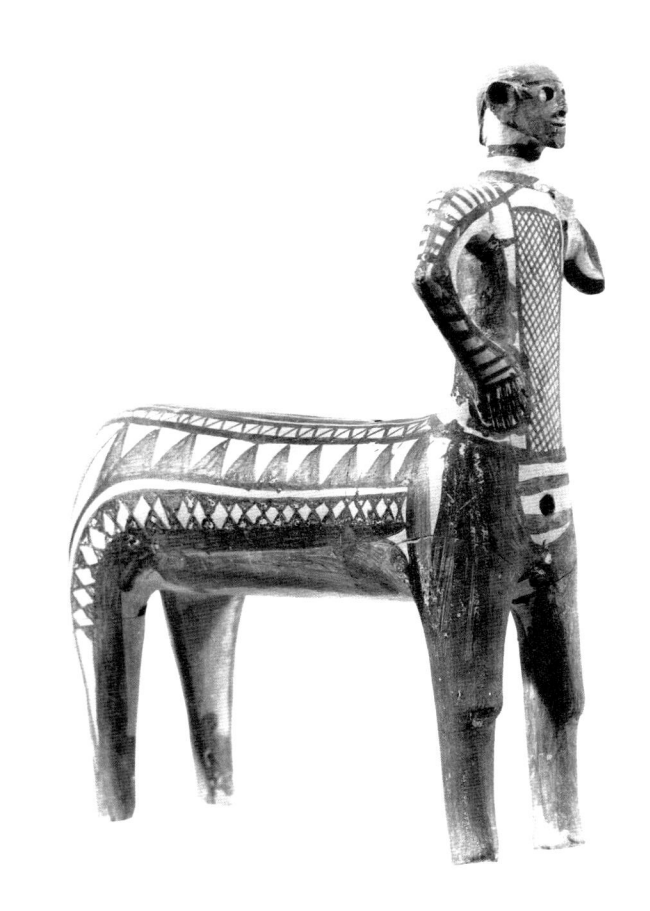

Die Vergrößerung der Augäpfel und Nüstern erklärt sich aus der hohen Aufstellung im Giebel. Die ursprünglich dunkel gefassten Rappen der Nachtgöttin im Gegensatz zu den leuchtenden Schimmeln des Helios – das Gegenüber von Schwarz und Weiß – müssen für den hinaufschauenden Betrachter von wahrlich magischer Wirkung gewesen sein. Die beiden Gespanne, Symbole der dahinfließenden Zeit, werden durch die Geburt der Athena jäh angehalten. Glänzend hat Goethe diesen Moment erfasst.

Das 4. Jahrhundert v. Chr. war die große Zeit der Malerei. Da sie auf Holz ausgeführt war, ist sie so gut wie verloren. Aus der schriftlichen Überlieferung aber wissen wir, dass der berühmte Apelles Alexander den Großen gemalt hat, sowohl auf dem Wagen als auch auf seinem legendenumwobenen, mächtigen braunen Hengst Bukephalas, dem »Rinderköpfigen« mit dem weißen Stern auf der Stirn. Das berühmte Pferd starb 326 v. Chr. in Indien an Altersschwäche. Gewiss stammte es aus einer thessalisch-makedonischen Zucht. König Philipp II., der Vater Alexanders des Großen, hatte mehrere Tausend Stuten von den Skythen im Nordosten importiert, um durch Kreuzung mit heimischen Pferden eine stabilere Rasse zu züchten.

Keine Zeit der griechischen Skulptur hat mehr Pferde hervorgebracht als die hellenistische (3.–1. Jahrhundert v. Chr.). Vor allem sind es Reliefs mit einem Reiter – Zeugnisse einer privaten Heroenverehrung, die es noch in der römischen Epoche gab. Es waren männliche Verstorbene, zum Teil noch Kinder oder Epheben, die man zu Pferde abbildete. Solche Reliefs wurden auf Gräbern, in Privathäusern oder als Weihgeschenke in Heiligtümern aufgestellt. Das Pferd erscheint auch in der zweiten großen Gattung der Heroenbilder, im so genannten Totenmahl. Auf diesen Reliefs liegt der Heroisierte beim Symposion. Eine Frau sitzt am Fußende des Lagers, und am Rand taucht der Kopf eines Pferdes auf. Wie auf den Reiterreliefs ist auch eine Schlange zu sehen, vor der das Pferd – gegen seine Natur – keine Scheu hat. Beide sind magischdämonische Geschwister des Heros.

So wie sich die Römer die Götter und Mythen der Griechen aneigneten, so übernahmen sie auch den Kult um das Pferd. In der Skulptur waren ohnehin noch in der Kaiserzeit die meisten Künstler griechischer Herkunft. Darum ist es auch schwierig, sich über die Datierung der Bronzepferde von San Marco in Venedig zu einigen. Wo das antike Viergespann und der für uns verlorene Wagenlenker ursprünglich standen, ehe sie in Konstantinopel aufgestellt wurden, ist unbekannt. Das einzig sichere Datum ist das Jahr 1204, in dem die Quadriga nach Venedig kam.

Dieses berühmte Viergespann wie auch das Pferd des Kaisers Marc Aurel auf dem Kapitolsplatz in Rom hatten enorme Wirkung auf die Kunst der Renaissance und des Barock. Doch bleiben wir vorerst in der Antike.

Während bei Homer Poseidon mit Rossen übers Meer fährt, lenkt der römische Neptun Hippokampen: Pferde, deren Körper in mächtigen Fischleibern enden. Hippokampen und Tritone schmückten römische Thermen und Brunnen, ebenso die Pferdeführer Castor und Pollux, die in Rom überaus beliebten Dioskuren. Sie waren die Schutzgötter der römischen *equites* (Reiter) und standen schon im 5. Jahrhundert v. Chr. als Marmorstatuen mit Pferden in subarchaischem Stil an der Juturna-Quelle auf dem Forum. Acht Jahrhunderte später ließ Kaiser Konstantin Castor und Pollux als kolossale Rossebändiger in einer Wasseranlage am Quirinal aufstellen, dem römischen Hügel, der im Volksmund Monte Cavallo (Pferdeberg) heißt.

Auf dem Mosaikboden der Thermen des Neptun in Ostia jagt der Gott sein schwarzes Hippokampen-Gespann über die Meeresfläche aus weißen Steinchen. Vor ihm reitet Amor auf einem Delphin, Seegetier umkreist die Szene, während am Grunde zwei junge Männer durchs Wasser gleiten. Sie sind als im Meer badende Sterne zu deuten und verkörpern wohl das Tierkreiszeichen der Zwillinge, also wieder die Dioskuren.

In dem römischen Mosaik sind es schwarze Hippokampen. Auf vielen Bildseiten in diesem Buch sind es die prachtvollen, nachtschwarzen »Friesen«, deren Urahnen schon den Römern während ihrer Feldzüge nördlich der Rheinmündung, im heutigen Friesland,

Die Dioskuren mit ihren Pferden. Zeichnerische Rekonstruktion der Marmorgruppe, die 1900 an der Juturnaquelle des Forum Romanum gefunden wurde.

linke Seite: Heroenrelief aus Marmor. Reiter und Schlange. Hellenistisch, 2. Jahrhundert v. Chr. *Würzburg*

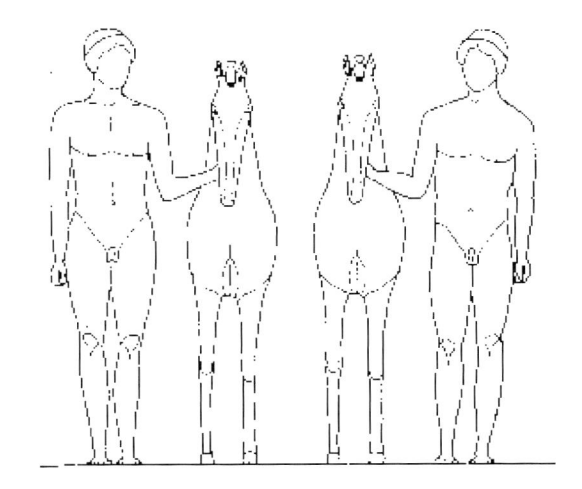

als kleine stämmige, genügsame, aber auch besonders hässliche Pferde aufgefallen sind. Im Mittelalter, zur Zeit der Kreuzzüge, waren sie wegen ihrer Ausdauer und Leistungskraft berühmt. Gleichzeitig führte die Paarung mit den herrlichen orientalischen Araberpferden, deren Vollblut dank ihrer Vererbungskraft heute in nahezu allen Rassen fließt, zu der uns bekannten dunklen, würdevollen Schönheit. Über Jahrhunderte hin waren die Friesen die stärksten Kriegspferde Europas, und in ihrem Schwarz zogen sie die unzähligen Leichenwagen von den Kriegsschauplätzen dieser Welt.

So wie die Griechen sahen auch die Römer in Schimmeln magische Tiere. Der Historiker Tacitus schrieb in seiner »Germanica« (10):

Sie halten auf Waldwiesen und in Hainen, in denen sie die Götter verehren, auf öffentliche Kosten Pferde, nämlich Schimmel, die nicht mit den Mühen Sterblicher in Kontakt gekommen sind. Diese schirren sie vor einen heiligen Wagen und der Priester lenkt sie gemeinsam mit dem König oder Häuptling des Stammes. Dabei beobachten sie das Wiehern und Schnauben der Pferde. Keinem Zeichen schenken sie mehr Glauben, nicht nur die einfachen Menschen, sondern auch die oberen Schichten.

Konstantin der Große, der erste christliche Kaiser, reitet in der Vorhalle von Sankt Peter in Rom auf einem prächtigen Marmorschimmel. Dieses Werk des Gian Lorenzo Bernini wurde 1654 dort aufgestellt. Es zeigt Konstantin vor der Schlacht an der Tiberbrücke (312) beim Anblick des Sieg verkündenden Zeichens am Himmel. Er breitet betend die Arme aus und kann daher das Pferd nicht zügeln. Die heftige Bewegung des Schimmels zeigt, dass auch er das Omen erblickt hat.

Eine Viertelstunde Wegs führt zu einem anderen Pferd des Barockmeisters in der Gebirgskulisse des Vierströme-Brunnens auf der Piazza Navona. Vom Osten her springt das Ross zwischen den Marmorgestalten des Ganges und des sein Haupt verhüllenden Nils auf die westliche Seite des Brunnens, wo um Danubius (Donau) und den negroiden Rio de la Plata das Wasser rauscht. Anschaulich verbindet das Pferd die damals bekannten vier Erdteile über ihre großen Ströme zum Ganzen der Welt. Ihr gemeinsames Element ist das Wasser, das durch den Hufschlag des Pegasos erzeugt wurde. Schon Hesiod nennt in seiner Theogonie (6) die Hippoukrene, die »Pferdequelle«, am Berg Helikon, dem Sitz der Musen. Seither beflügelt Pegasos Phantasie und Wortkraft der Dichter.

Damit sind wir nach unserem Parcours durch die Welt der Mythen zur Quelle der Poesie zurückgekehrt. Vor uns stürmt Pegasos gespiegelt im Brunnen durchs Bild, überall zugleich: am Himmel in den Wolken, im Wasser und auf der Erde am Brunnenrand. So, als ob er uns beweisen wollte, was die finnische Lyrikerin Kirsti Simonsuuri einst an Ingrid von Kruse angesichts ihrer Fotografien geschrieben hat: »Die Fotos sind magisch. Jahrhunderte und Jahrtausende im Augenblick, das ist wirklich Deine Gabe.«

RAIMUND WÜNSCHE

Die Reiterstatue des Marc Aurel

Fast jeder kennt, zumindest von Abbildungen, die Reiterstatue des Marc Aurel (römischer Kaiser 161–180 n. Chr.) auf dem Kapitolsplatz in Rom. Nichts aber kann heute die Wirkung vermitteln, die dieses Bildwerk jahrhundertelang auf die vielen Rombesucher ausübte, die über die monumentale Treppe zum Kapitol hinaufschreitend an den kolossalen Dioskuren vorbei auf den Platz traten, den dieses Standbild optisch beherrschte. Die drei den Platz rahmenden mächtigen Paläste glichen eher Hintergrundkulissen für den reitenden Kaiser. Dies erklärt sich nicht aus der Größe der Figur, sondern aus der genialen, von Michelangelo gefundenen Form der Aufstellung: Der Reiter erhob sich im Zentrum des Platzes, der sich zur Mitte anhebt und dessen Bodendekor vom Postament der Figur sternförmig ausstrahlend in einem komplizierten Muster den ganzen Platz erfasst. Diese kunstvolle Präsentation der Renaissance bestimmte in hohem Maße den Eindruck, den man von diesem Werk aus dem 2. Jahrhundert n. Chr. hatte. Sicherlich befand sich das Standbild ursprünglich anderenorts. Aber ebenso sicher gab und gibt es kein antikes Kunstwerk, dessen spätere Aufstellung so überzeugend war. Wenn jetzt aus berechtigten konservatorischen Gründen die originale Statue von ihrem Postament weichen musste und an deren Stelle ein bronzefarbener Abguss aufgestellt ist, so kann dieser, da ihm Aura und die Geschichte des Originals fehlen, leider nur einen matten Abglanz der einstigen Wirkung vermitteln.

In dem kleinen Raum des Kapitolinischen Museums, der der originalen Statue jetzt als provisorische Unterkunft zugewiesen ist, haben Pferd und Kaiser kaum Luft zum »Atmen«, aber die fast ebenerdige Aufstellung des Standbildes lässt vieles erkennen, was auf dem hohen Postament nur schwer einsehbar war. In der jetzigen Präsentation wird man sich der Größe dieser Standbildes zum ersten Mal bewusst: Ross und Reiter sind 4,24 Meter hoch, die Länge des Pferdes misst 3,84 Meter; das Standbild hat also fast doppelte Lebensgröße, wobei die Figur des Kaisers im Vergleich zum Pferd proportional viel zu groß ist.

Kaiser und Philosoph

Sooft man auch diese Statue sieht, immer wieder ist man beeindruckt von der einfachen Geste der erhobenen Hand: Der rechte Arm, der, leicht angewinkelt, sich unterhalb der Schulterhöhe ausstreckt, wirkt mit den nach oben geöffneten Fingern, als würde er sich gerade sanft heben. Die Armhaltung strahlt herrscherliche Überlegenheit und Ruhe aus. Marc Aurel blickt in die Richtung der weisenden Hand, und auch das Pferd wendet seinen Kopf dorthin. Es schreitet in der Gangart des kurzen versammelten Trabs. Die Versammlung und Aufrichtung des Pferdes verrät lange Dressur, die das Pferd scheinbar so verinnerlicht hat, dass es kaum reiterlicher Hilfen bedarf. Völlig entspannt, fast lässig sitzt Marc Aurel auf ihm. Seine Beine sind vom Pferdekörper abgestreckt. Weder durch Schenkeldruck noch mit kräftigem Zügelgriff dirigiert er es. Die linke, Zügel führende Hand ist vielmehr nach oben geöffnet und muss ehemals ein Attribut getragen haben. Dieses Attribut und nicht die Zügel, die wohl um Ring- und Zeigefinger liefen, bestimmte die Bewegung der linken Hand. Den Künstler interessierte nicht der natürliche Vorgang des Reitens, er wollte mit dieser Pose Erhabenheit und Überlegenheit des Kaisers verdeutlichen.

Der Eindruck selbstverständlicher kaiserlicher Allmacht wurde noch gesteigert durch die Figur eines besiegten Barbaren, der einst unter dem erhobenen rechten Vorderhuf des Pferdes am Boden kauerte. Marc Aurel sprengt nicht im Triumph über den Besiegten hinweg, er lässt sein Pferd darüber hinwegschreiten wie über ein lästiges Hindernis. Der siegreiche Kaiser gebietet Frieden. Diesem Grundthema entspricht die Tracht des Kaisers: Er ist waffenlos und bekleidet mit einer weit geschnittenen kurzen Tunika. Darüber hat er den Feldherrnmantel geworfen, der, an der rechten

Reiterstatue des Marc Aurel auf dem Kapitolplatz in Rom

Schulter von einer großen runden Brosche gehalten, bis weit auf den Pferdekörper herabfällt. Der Kaiser trägt die Senatorenschuhe. Die Unterschenkel sind nackt, die Oberschenkel werden zum Teil von der herabhängenden Tunika bedeckt, die ein breiter Stoffgürtel zusammenhält. Dargestellt sind selbst die in die Zipfel der Tunika eingenähten Bleikügelchen, die den Stoff schön fallen lassen. Die Reitdecke ist mit einem Gurt festgezurrt. In der Antike kannte man den uns so geläufigen festen Sattel noch nicht; er wurde erst im Mittelalter entwickelt. Marc Aurels Pferd hat einen mächtigen, gedrungenen Körper, der von relativ schlanken, aber sehr sehnigen Beinen getragen wird. Sehr genau gibt der Bildhauer die Lebendigkeit des Pferdes wieder: Das linke, innen fein behaarte Ohr ist in höchster Aufmerksamkeit nach vorne gerichtet, das rechte wendet sich nach hinten; Adern und Sehnen drücken sich durch die Haut, die Nüstern sind gebläht, die Lefzen über dem leicht geöffneten Maul zurückgezogen. An der Beißstange sind noch die Ansatzstellen der Zügel *(habenae)* zu sehen.

Die ganz zurückhaltend wirkende herrscherliche Pose des Marc Aurel drückt sich auch in seinem Gesicht aus. Es ist mimisch nahezu unbewegt und strahlt Ruhe, Unerschütterlichkeit und eine gewisse Distanziertheit aus. Diese Wirkung erreicht der Bildhauer durch einfache formale Mittel: Zu dem unruhigen Flimmern des dichten, nach damaliger Mode kraus gelockten Haupthaares bildet die großflächige Wölbung des Gesichts einen höchst eindrucksvollen Kontrast. Es ist plastisch kaum durchmodelliert, nur unterhalb der Augen zeichnen sich Tränensäcke durch sanfte Vertiefungen ab. Dem Porträt fehlt jeglicher Ausdruck von Energie und Machtanspruch – Marc Aurel konnte darauf verzichten, denn wie sein Adoptivvater Kaiser Antoninus Pius war er von äußerster Bescheidenheit. Unglücklicherweise zwangen ihn die schweren Krisen des Reiches zu deutlicher monarchischer Machtrepräsentation. Dennoch versuchte er wie sein Vorgänger, die ideale politische Vorstellung vom Prinzipat zu verwirklichen, also als Kaiser »Erster unter Gleichen« zu sein, Senator unter Senatoren. »Sieh zu, dass du nicht verkaiserst und dass der Purpur nicht auf dich abfärbt«, ermahnte er sich in seinen »Selbstbetrachtungen«.

Auch wenn es waghalsig scheint, eine Bildnisstatue aus der historischen Kenntnis der Person zu interpretieren, wird man die erhabene Gelassenheit, die dieses Reiterstandbild in Haltung und Gesichtsbildung ausdrückt, aus diesem geistigen Hintergrund erklären dürfen. Die Statue zeigt Marc Aurel als Feldherrn und als Philosophen, bei dem »die Seele das Gesicht zusammengefasst und in guter Form hält«.

All dies allerdings braucht man nicht zu wissen, um dieses Reiterstandbild bewundern zu können. Sein großer Reiz besteht schon allein darin, dass es das einzige fast vollständig erhaltene, großformatige bronzene Reiterstandbild aus römischer Zeit ist.

Bildlegenden

S. 2	Abbildung aus: Solleysel, Le véritable parfait ... Genff: Widerhold 1677
S. 8/9	Fritz Koenig und *Nuri Schalan*, Ganslberg 1989
S. 11	*Nuri Schalan*, Ganslberg 1989
S. 12/13	*Nuri Schalan*, Ganslberg 1989
S. 14/15	Fritz Koenig mit *Nuri Schalan*, Ganslberg 1989
S. 17	*Nahbay*, Ganslberg 1989
S. 18/19	*Nahbay* und Fritz Koenig, Ganslberg 1989
S. 22	Zirkus Knie, 1990
S. 23	*Pegasos* in Salzburg, 1993
S. 25	*Nahbay*, Ganslberg 1989
S. 27	Zirkus Knie, 1990
S. 29	»Der eherne Reiter«, Sankt Petersburg 2002
S. 30/31	Real Escuela Andaluza De Arte Ecuestre, Jerez 1990
S. 35	Feria Del Caballo, Jerez 1990
S. 36	Gestütsgebäude in Andalusien, 1997
S. 37	Andalusien, 1997
S. 39	Andalusien, 1997
S. 40	Gandero, Züchter von Kampfstieren
S. 41	Corrida, Ronda 1997
S. 42/43	Corrida, Ronda 1997
S. 46	Die Richter der Corrida, Ronda 1997
S. 47	Corrida , Ronda 1997
S. 49	Eignungsprüfung junger Kampfstiere, Jerez 1990
S. 51	»Urpferd« des Parthenon-Ostgiebels, Werkstatt des Phidias, um 435 v. Chr., The British Museum London, 1997
S. 52/53	Vor der Stierkampfarena, Ronda 1997
S. 55	Andalusien, 1997
S. 57	Gian Lorenzo Bernini, Kaiser Constantin beim Erblicken des Zeichens Christi, Vatikan, aufgestellt 1670, Rom 1998
S. 59	Real Escuela Andaluza De Arte Ecuestre, Jerez 1990
S. 61	*Hannes* vom Friesengestüt Lüneburger Heide, 1997
S. 62	Venedig, 1987
S. 63	Friesengestüt Lüneburger Heide, 1999
S. 65	Zirkus Knie, 1990
S. 66/67	Junge Hengste vom Friesengestüt Lüneburger Heide, 1999
S. 69	Zirkus Knie, 1990
S. 71	Belvedere Wien, 1989
S. 73	*Pegasos*, Salzburg 1993
S. 74	Quadriga auf San Marco (Ausschnitt), Venedig 1990
S. 76/77	Trabergestüt Lasbek, 1999
S. 78	Venedig, 1987
S. 80	Feria del Caballo, Jerez 1990
S. 83	»Centauresse«, Musée Auguste Rodin, Paris 1999
S. 84/85	*Nuri Schalan*, Ganslberg 1989
S. 86	*Marengo*, Napoleons Araberhengst, Musée de l'Armée, Paris 1999
S. 87	Eines der Pferde der Dioskuren am Quirinal (»Monte Cavallo«), frühes 4. Jahrh. n. Chr., Rom 1995
S. 88/89	Viergespann des Neptun, 2. Jahrh. n. Chr., Ostia 1980
S. 91	Reitender Marc Aurel, Originalstatue im Hof des Museo Capitolino, Rom 1995
S. 92	Zwei junge Hengste
S. 94	Aus der Südmetope 27 des Parthenon, um 440 v. Chr., The British Museum, London 1997
S. 95	Paarung, Friesengestüt Lüneburger Heide 1997
S. 97	Zwei Pferdeköpfe der Quadriga von San Marco, Venedig 1990
S. 98/99	Ganslberg, 1989
S. 101	Palio, Siena 1996
S. 103	Arabergestüt Gut Grabau, 1998
S. 104/105	»Der erste Tag«, Friesengestüt Lüneburger Heide, 1997
S. 107	Vater und Sohn, Ganslberg 1989
S. 108/109	Palio, Siena 1996
S. 113	Südmetope 28 des Parthenon, siegreicher Kentaur, um 440 v. Chr., The British Museum, London 1997
S. 114	»Urpferd« des Parthenon-Ostgiebels, Werkstatt des Phidias, um 435 v. Chr., The British Museum, London 1997
S. 117	Südmetope 28 des Parthenon, siegreicher Kentaur (Ausschnitt), um 440 v. Chr., The British Museum, London 1997
S. 118	*Nahbay*, Ganslberg 1989
S. 120	Junge Hengste, 1999
S. 121	*Hannes*, Friesengestüt Lüneburger Heide 1997
S. 123	Gian Lorenzo Bernini, Pferd zwischen den Strömen am Vierströmebrunnen auf der Piazza Navona, begonnen 1647, Rom 1995
S. 125	Vor der Stierkampfarena, Ronda 1997
S. 126	Karussell, 2001
S. 129	*Nahbay*, Ganslberg 1989
S. 131	Fritz Koenig und *Nuri Schalan*, Ganslberg 1989

INGRID VON KRUSE

Dank

Fritz Koenig,
»Weiterreiten«.
Bronze

Endlich bin ich am Ziel, lasse die Zügel los, um im Rückblick auf einen jahrelangen Parcours all den Freunden meinen Dank zuzurufen, die mir über Hürden hinweghalfen und Tore öffneten.

Dank des Zuspruchs von J. A. Schmoll, gen. Eisenwerth, ließ mich Fritz Koenig ein in seine weißummauerte Welt, wo jedes Kunstwerk, jeder Baum, Pfauen und Pferde in Harmonie mit ihrem Umfeld die gestaltende Hand des Bildhauers verraten. In seinen Bronzeskulpturen offenbart sich sein früher Traum »am liebsten selbst ein Ross zu sein«. – Und ich fotografierte einen Traum!

Großzügige Gastfreundschaft genoss ich auch während der »Feria del Caballo« in Jerez bei Alvaro de Domecq y Diez, dem Züchter von Toros, Pferden und dem berühmten Sherry in riesigen Fässern.

So zog ich von einer Pferdewelt in die andere.

Ich danke Uta und Günter Herz, die mir das Tor zum Trabergestüt Lasbek öffneten. Heino und Andrea Rolofs vom Friesengestüt Lüneburger Heide gaben bereitwillig den Blick frei auf ihre mächtigen, pechschwarzen Rosse mit den wuchtigen Bewegungen. Auf ganz andere Weise bezauberten mich die zierlichen Fohlen auf dem Arabergestüt Gut Grabau.

Mein Dank gilt auch meiner früheren Professorin Inge Osswald! Mit geschärftem Blick fand sie im schwarzweißen Bilderchaos den roten Faden.

In diesem Zusammenhang richte ich auch meinen Dank an Lo Eitle, die seit vielen Jahren mit freundschaftlichem Interesse meine Arbeit verfolgt und damit zur unentbehrlichen Ratgeberin wurde.

Erika Simon, die leidenschaftliche Archäologin und Kunsthistorikerin, wandte sich meinem Thema aus der Sicht der Wissenschaftlerin zu, und ich verstand: Alles muss bezeugt sein!

Mit ihrem Essay »Mythos Pferd« hat sie mein Buch auf großartige Weise bereichert und damit die »Magischen Rosse« in ein neues Licht gerückt.

Irma Schlagheck, der Kunstjournalistin mit unbestechlichem Blick und fundiertem Urteil verdanke ich interessante Anregungen und wertvollen Rat zu Fragen der Form und des Stils. Irma war es auch, die in ihrer Weitsicht in den Staatlichen Antikensammlungen München den passenden Ort für meine Rosse(-Ausstellung) sah. Ihren Hinweis griff Erika Simon auf in einem Brief an Raimund Wünsche, der bald angesichts meiner Bilder die bevorstehende Ausstellung plante, auch ihren Namen erfand: »Magische Rosse – Schwarz und Weiß«. Zu meiner großen Freude setzte er mit seiner eigenen Betrachtung des reitenden Marc Aurel meinem Buch ein weiteres Glanzlicht auf.

Keinem anderen als Otto Paulick, dem besessenen Kunst- und Büchersammler, schulde ich größeren Dank! Nur mit Hilfe seiner generösen finanziellen Unterstützung wurde die Ausstellung möglich – 2004 im antiken Samerstall in Leogang, 2005 im Museum für Kunst und Gewerbe in Hamburg im großen Treppenrund. Hierfür danke ich Wilhelm Hornbostel.

Nach langem Vorlauf erscheint jetzt mein Buch. Der Lektorin Antonia Meiners danke ich für ihre liebevolle Arbeit, ihre bewundernswerte Ruhe und das Verständnis für die eigenwilligen Wünsche der Autorin.

Wie aber hätte ich meine eigenen Texte und die der anderen lesbar machen, auf den Computer übertragen und in den Fluss des Internets bringen können, ohne die bereitwillige Mitarbeit meines Mannes, Gert von Kruse? Ich danke ihm so sehr! Er kennt den langen Weg.

Am Ende meines Dankes an all jene, die mich im Hintergrund mit ihrer Hilfe und ihren Gedanken begleiteten, frage ich mich: Ahnte Fritz Koenig, auf welch ein Abenteuer ich mich einließ, als er mir vor siebzehn Jahren die oben abgebildete Bronzeplakette in die Hand drückte und murmelte »Weiterreiten, durchreiten«, um dann deutlicher nachzusetzen: »mit dem Kopf durch die Wand!«

Quellennachweis

Seite 7: Ossip Mandelstam, aus: »Im Luftgrab«,
© Fischer Taschenbuch Verlag 1992

Seite 21: Tschingis Aitmatow, aus: »Abschied von Gülsary«,
© 1985 by Unionsverlag, Zürich. Aus dem Russischen von
Leo Hornung

Seite 26: Else Lasker-Schüler, aus: Gesammelte Werke in drei
Bänden, Zweiter Band,
© Suhrkamp Verlag Frankfurt am Main 1996

Seite 33: Sandor Márái, aus: »Die Glut«,
© Piper Verlag, München 1999

Seite 45: Iossif Brodskij, 1961 geschrieben mit einundzwanzig
Jahren, in der Übersetzung von Karl Dedecius.
Aus: Karl Dedecius (Hg.), Mein Russland in Gedichten,
© 2003 Deutscher Taschenbuch Verlag, München

Seite 64: Platon, aus: »Phaidros« 246 (Seelengleichnis), übersetzt
von Kurt Hildebrandt, Philipp Reclam jun. Stuttgart

Seite 72: Franz Kafka, aus dem 3. u. 4. Oktavheft, Fischer
Taschenbuch Verlag, Frankfurt am Main

Seite 81: Ovid, aus: »Metamorphosen« 2, 655–677, übersetzt von
Hermann Breitenbach, Philipp Reclam jun., Stuttgart

Seite 90: Kim Chi-Ha, aus: »Die gelbe Erde. Und andere
Gedichte«, © Suhrkamp Verlag Frankfurt am Main 1983

Seite 93: Vergil, aus: »Georgica«, Drittes Buch,
245–255, 265–275, übersetzt von Otto Schönberger,
Philipp Reclam jun., Stuttgart

Seite 100: Platon, aus: »Phaidros« 247 (Seelengleichnis), übersetzt von Kurt Hildebrandt, Philipp Reclam jun. Stuttgart

Seite 102: Vergil, aus: »Georgica«, Drittes Buch,
72–76 sowie 179–186 und 190–196, übersetzt von
Otto Schönberger, Philipp Reclam jun., Stuttgart

Seite 115: Durs Grünbein, aus: »Der Misanthrop auf Capri«,
© Suhrkamp Verlag Frankfurt am Main 2005

Seite 127: Rainer Maria Rilke, aus: »Der ausgewählten
Gedichte erster Teil«, Insel Bücherei Nr. 400, Insel Verlag,
Frankfurt am Main 1993

Seite 130: Vergil, aus: »Georgica«, Zweites Buch, 541–542, übersetzt von Otto Schönberger, Philipp Reclam jun., Stuttgart

Bildnachweis

Seite 2: Abbildung eines Pferdes aus: Solleysel, Le véritable parfait mareschall …Der wahrhaftig-vollkommene Stall-meister, welcher lehret Schönheit, Güte und Mängel der Pferd zu erkennen … 6. frantz. U. 1. teutsche Ed. – Genff: Widerhold 1677 Signatur Ob-A 7027, mit freundlicher Genehmigung der Gottfried Wilhelm Leibniz Bibliothek – Niedersächsische Landesbibliothek, Hannover

Seite 132, 134, 137 unten, 139: Archiv Erika Simon

Seite 133, 137 oben: Archiv Erika Simon
(Hirmer Fotoarchiv München)

Seite 135, 136, 138: Archiv Erika Simon
(Martin-von-Wagner-Museum Würzburg)

Seite 141: Staatliche Antikensammlungen und
Glyptothek München

© 2006 Nicolaische Verlagsbuchhandlung GmbH, Berlin

Lektorat: *Antonia Meiners, Berlin*
Gestaltung: *Büro für Gestaltung Pauline Schimmelpenninck, Berlin*
Repro: *novaconcept, Berlin*
Druck und Bindung: *Rasch, Bramsche*

Printed in Germany
ISBN 13: 978-3-89479-300-7
ISBN 10:   3-89479-300-5

Unter www.nicolai-verlag.de können Sie unseren Newsletter abonnieren, der Sie über das Programm und aktuelle Neuerscheinungen des Nicolai Verlags informiert.